Guttentag'sche Sammlung
Nr. 61. Deutscher Reichsgesetze. Nr. 61.
Textausgaben mit Anmerkungen.

Das Reichsgesetz über

das Verlagsrecht.

Textausgabe
mit Einleitung, Anmerkungen und Sachregister
von

Justizrat Dr. Ernst Heinitz.

Zweite Auflage
bearbeitet von

Dr. Bruno Marwitz,
Rechtsanwalt in Berlin.

Berlin 1911.
J. Guttentag, Verlagsbuchhandlung,
G. m. b. H.

Inhalt.

Abkürzungen.

Begr. = Begründung des Entwurfes eines Gesetzes über das Verlagsrecht (Drucksachen des Reichstags, 10. Legislaturperiode, II. Session 1900/1901, Nr. 97).

Begr. UG. = Begründung des Entwurfes eines Gesetzes, betreffend das Urheberrecht an Werken der Literatur und der Tonkunst (Drucksachen des Reichstags, 10. Legislaturperiode, II. Session 1900/1901, Nr. 97).

BGB. = Bürgerliches Gesetzbuch für das Deutsche Reich.

EG. = Einführungsgesetz.

GVG. = Gerichtsverfassungsgesetz.

HGB. = Handelsgesetzbuch.

Jur. Woch. = Juristische Wochenschrift.

KO. = Konkursordnung.

KomBer. = Bericht der XI. Kommission des Reichstags, den Entwurf eines Gesetzes über das Verlagsrecht betreffend (Drucksachen Nr. 215).

KomBer. UG. = Bericht der XI. Kommission des Reichstags über den Entwurf eines Gesetzes, betreffend das Urheberrecht an Werken der Literatur und der Tonkunst (Drucksachen Nr. 214).

OVG. = Entscheidungen des Oberverwaltungsgerichts.

RG. = Reichsgericht.

RG. i. Zivils. = Entscheidungen des Reichsgerichts in Zivilsachen.

RG. i. Strafs. = Entscheidungen des Reichsgerichts in Strafsachen.

ROHG. = Entscheidungen des Reichsoberhandelsgerichts.

RT.-Kom. = Reichstagskommission.

UG. = Gesetz, betreffend das Urheberrecht an Werken der Literatur und der Tonkunst.

ZPO. = Zivilprozeßordnung.

§§ ohne nähere Bezeichnung bedeuten die Paragraphen des Gesetzes über das Verlagsrecht.

Einleitung.

I.

Zwischen der Erfindung der Buchdruckerkunst und den Anfängen eines gesetzlichen Rechtsschutzes gegen Nachdruck liegt ein Zeitraum von mehreren Jahrhunderten. Im 16. und 17. Jahrhundert wurden zwar vom Kaiser, von Landesherren und von Städten zahlreiche Privilegien gegen Nachdruck erteilt; die Gesetzgebung aber begann erst im 18. Jahrhundert den Nachdruck auch der nicht privilegierten inländischen Werke zu untersagen. Diesen Gesetzgebungen schloß sich das Preußische Landrecht an, wenngleich hinsichtlich der Bestrafung des Nachdrucks in den §§ 1294 ff. II, 20 unterschieden wurde, ob der rechtmäßige Verleger ein ausdrückliches Privilegium erhalten hatte oder ob die Strafe aus einem besonderen Privilegio nicht stattfand.

Das besondere Verdienst, welches die landrechtliche Gesetzgebung für sich in Anspruch nehmen darf, besteht darin, daß sie den ersten Versuch gemacht hat, das auf dem Verlagsvertrage beruhende Rechtsverhältnis des Verfassers zum Verleger zu regeln. In der überwiegenden Mehrzahl der anderen deutschen Bundesstaaten entbehrten die Beziehungen zwischen Urheber und Verleger jeder besonderen gesetzlichen Regelung. Das Gesetz vom 11. Juni 1870, durch welches das Urheberrecht an

Schriftwerken, Abbildungen, musikalischen Kompositionen und dramatischen Werken für das Gebiet des Deutschen Reiches geregelt wurde, begnügte ich mit der Vorschrift (§ 3), daß das Recht des Urhebers beschränkt oder unbeschränkt durch Vertrag auf andere übertragen werden könne. Die Regelung des durch diesen Vertrag entstehenden Rechtsverhältnisses ward nach wie vor der Landesgesetzgebung überlassen.

Die Aufgabe, welche hiernach der Reihsgesetzgebung vorbehalten blieb, ist weder durch das Bürgerliche Gesetzbuch, noch durch das Handelsgesetzbuch gelöst worden; nach der ausdrücklichen Vorschrift des Art. 76 EG. zum BGB. sind die dem Verlagsrecht angehörenden landesgesetzlichen Vorschriften in Kraft geblieben. Diese Zurückhaltung der Reichsgesetzgebung beruhte indes lediglich darauf, daß bereits seit längerer Zeit das Bedürfnis einer Fortbildung des Gesetzes vom 11. Juni 1870 hervorgetreten war und daß es bei dem engen Zusammenhange zwischen Urheberrecht und Verlagsrecht geboten erschien die reichsgesetzliche Ordnung des Verlagsrechts gleichzeitig mit der Neugestaltung des Urheberrechts zu bewirken.

Nachdem im Reichsjustizamt eingehende Beratungen mit Sachverständigen gepflogen waren, wurde im Jahre 1899 der innerhalb der Reichsverwaltung ausgearbeitete Entwurf eines Gesetzes, betreffend das Urheberrecht an Werken der Literatur und der Tonkunst, veröffentlicht. Im Jahre 1900 folgte auf Grund von Vorberatungen, in welchen die wissenschaftliche, die technische und die Unterhaltungsliteratur, der Buch- und Musikalienverlag sowie das Zeitungswesen ihre Vertretung gefunden hatten, die Veröffentlichung des Entwurfes eines Gesetzes über das Verlagsrecht. Unter dem 8. Dezember 1900 wurden beide Gesetzentwürfe in der vom Bundesrate beschlossenen Fassung dem Reichstage vorgelegt (Drucksachen des Reichstags Nr. 97, 10. Legislaturperiode II. Session 1900/1901). Nachdem am 8. und 9. Januar 1901 die erste Lesung stattgefunden hatte, wurden die Entwürfe einer Kommission von 21 Mitgliedern zur Vorberatung überwiesen. Die Kommission, welche den Abgeordneten Dr. Spahn zu ihrem Vorsitzenden wählte, unterzog die Entwürfe zwei Lesungen und erstattete über ihre Beratungen eingehende Berichte (Nr. 214 und 215 der Drucksachen des Reichstags). Die zweite Beratung des Entwurfes eines Gesetzes über das Verlagsrecht, deren Ergebnis die unveränderte Annahme des Entwurfes in der von der Kommission vorgeschlagenen Fassung war, fand am 20. April 1901 statt. Bei der dritten Beratung am 1. Mai 1901 wurde der Entwurf nach den Beschlüssen der zweiten Lesung en bloc angenommen.

Nachdem der Bundesrat den Beschlüssen des Reichstags zugestimmt hatte, wurde das am 19. Juni 1901 vom Kaiser vollzogene „Gesetz über das

Verlagsrecht" — gleichzeitig mit dem Gesetze, betreffend das Urheberrecht an Werken der Literatur und der Tonkunst — am 28. Juni 1901 im Reichsgesetzblatte (Nr. 27 S. 217 ff.) verkündet.

Der Beitritt des Deutschen Reiches zur revidierten Berner Übereinkunft vom 13. November 1908 machte eine Änderung des Gesetzes über das literarische Urheberrecht erforderlich und bedingte auch die Abänderung des § 2 unseres Gesetzes. Der darauf bezügliche Entwurf wurde dem Reichstag am 12. März 1910 vorgelegt (Drucksachen des Reichstages Nr. 341, 12. Legislaturperiode II. Session 1909/10). Am 12. April 1910 fand die erste Lesung statt; die Kommission der der Entwurf überreicht wurde, stattete einen schriftlichen Bericht ab (Nr. 447 der Drucksache); der Reichstag nahm den Entwurf in der Fassung der Kommissionsbeschlüsse in dritter Lesung am 5. Mai 1910 an. Das Gesetz wurde am 22. Mai 1910 im RGBl. S. 793 veröffentlicht und trat am 9. September 1910 in Kraft.

II.

In der Begründung des Entwurfes (S. 56) wird dieser dahin charakterisiert, daß er sachlich kein wesentlich neues Recht schaffen, sondern nur das in Übung befindliche Recht, wie es durch die Wissenschaft und die Rechtsprechung auf Grund der Gepflogenheiten des hoch angesehenen deutschen Verlagsgewerbes sich ausgebildet habe, feststellen, bestimmte Streitfragen entscheiden und die einzelnen Vorschriften mit den Grundsätzen des Bürgerlichen Gesetzbuchs in Einklang bringen wolle; als wertvolle Hilfsmittel, welche hierbei benutzt worden sind, bezeichnet die Begr. den auf Veranlassung des Deutschen Schriftstellerverbandes ausgearbeiteten, in der Generalversammlung vom 13. September 1891 beschlossenen Entwurf einer deutschen Verlagsordnung und die in der Hauptversammlung des Börsenvereins der deutschen Buchhändler vom 30. April 1893 angenommene Verlagsordnung für den deutschen Buchhandel. Demgemäß hat auch das RG. mit Recht angenommen, daß das Gesetz „nur das in Übung befindliche Recht, wie es auf Grund der Gepflogenheiten des Verlagsgewerbes gewohnheitsmäßig sich gestaltet und durch Wissenschaft und Rechtsprechung weiter ausgebildet hatte, im Anschluß an das Gesetz vom 19. Juni 1901 über das Urheberrecht an Werken der Literatur und Tonkunst einer mit den Grundsätzen dieses Gesetzes wie des Bürgerlichen Gesetzbuchs übereinstimmenden zusammenfassenden Regelung unterziehen sollte" (RG. in Zivils. 54 S. 436). Bei einzelnen Materien ist dagegen in den Beratungen der Reichstagskommission wiederholt der Gedanke hervorgetreten, daß das Verlagsrecht unabhängig von den bisher geläufigen

Auffassungen zu gestalten, also nicht das bestehende Recht zu kodifizieren, sondern ein neues Recht zu schaffen sei, das den jetzigen entwickelteren Begriffen des Verlagsrechts entspreche (KomBer. S. 7, 37). Auf dieser letzteren Anschauung über die Ziele des Gesetzes beruht namentlich die Regelung, welche die Frage der Übertragbarkeit des Verlagsrechts erhalten hat.

Zum Bürgerlichen Gesetzbuche steht das Gesetz über das Verlagsrecht in dem gleichen Verhältnisse, wie alle sonstigen Reichsgesetze privatrechtlichen Inhalts, gleichviel ob sie durch die besondere Vorschrift des Art. 32 Satz 1 EG. zum BGB. in Kraft erhalten sind oder ob sie zu denjenigen Materien gehören, welche nach Art. 55—152 EG. zum BGB. dem Landesrechte zugewiesen waren. Die allgemeinen Rechtsnormen des BGB. erstrecken ihre Geltung somit auch auf das Gebiet des Verlagsrechts, soweit nicht das vorliegende Gesetz selbst Sondervorschriften enthält. Dagegen kommen neben oder vor dem BGB. die allgemeinen Vorschriften des HGB. nur insoweit zur Anwendung, als das durch den Verlagsvertrag begründete Rechtsverhältnis eine Handelssache im Sinne des Art. 2 EG. zum HGB. ist.

Hätte die Aufgabe der Kodifikation des Verlagsrechts ihre Lösung im BGB. gefunden, so würde der Verlagsvertrag die ihm gebührende Stelle unter den im siebenten Abschnitte des zweiten Buches geregelten einzelnen Schuldverhältnissen erhalten haben. Das vorliegende Gesetz ist somit als ein Teil des Rechtes der Schuldverhältnisse anzusehen, und daher ist der gesamte Inhalt des Gesetzes im wesentlichen dispositiver Natur (RG. in Zivils. 54 S. 437). Wollen Verleger und Verfasser ihre Rechte und Pflichten anders begrenzen, als das Gesetz für angemessen erachtet hat, so steht ihnen dies im weitesten Umfange frei. Zwingende Rechtsnormen enthält das Gesetz nur an wenigen Stellen: aus § 1 ergeben sich die begrifflichen Erfordernisse des Verlagsvertrags in dem Sinne, daß ein Vertrag, welcher den Verpflichtungen des Verfassers und des Verlegers einen diesen Erfordernissen widersprechenden Inhalt gibt, als Verlagsvertrag nicht zu erachten ist; die gemäß § 39 Abs. 2 dem Verfasser obliegende Haftung kann nach § 276 Abs. 2 BGB. im Verlagsvertrage nicht erlassen werden, und § 49 enthält eine öffentlich-rechtliche Vorschrift, welche der Abänderung durch Parteiwillen entzogen ist.

III.

Die Aufgabe des Gesetzes über das Verlagsrecht war die Regelung des rechtlichen Verhältnisses der Urheber von Werken der Literatur und der Tonkunst zu den Verlegern dieser Werke. Die ältere Theorie und Praxis erblickte im Verlagsrechte den hauptsächlichsten Inhalt des Autorrechts und zog hieraus die

Schlußfolgerung, daß das Verlagsrecht nur durch Autorschaft entstehen könne. Der auf Veräußerung des Verlagsrechts gerichtete Vertrag wurde als Verlagsvertrag bezeichnet, gleichviel ob der Rechtsnachfolger des Autors die Verbindlichkeit der Vervielfältigung, Veröffentlichung und gewerblichen Verbreitung des Werkes übernahm oder nicht. Anders hat die neuere Gesetzgebung das Verhältnis zwischen Urheberrecht und Verlagsrecht aufgefaßt. Das gleichzeitig mit dem Gesetz über das Verlagsrecht in Kraft tretende Gesetz, betreffend das Urheberrecht an Werken der Literatur und der Tonkunst, nennt unter den Befugnissen des Urhebers an erster Stelle die ausschließliche Befugnis, das Werk zu vervielfältigen und zu verbreiten. Diese Befugnis ist aber lediglich ein Bestandteil des Urheberrechts, während die Möglichkeit einer Entstehung des Verlagsrechts dadurch gegeben ist, daß das Recht des Urhebers beschränkt oder unbeschränkt auf andere übertragen werden kann (§ 8 Abs. 3 UG.). Ist der Vertrag, mittelst dessen diese Übertragung sich vollzieht, nicht auf die unbeschränkte Übertragung des Urheberrechts, sondern nur auf die ausschließliche Befugnis zur Vervielfältigung und Verbreitung in dem durch den Vertrag bezeichneten Umfange gerichtet, und zwar dergestalt, daß mit dieser Befugnis auch die Verpflichtung zur Vervielfältigung und Verbreitung des Werkes verbunden ist, so liegt ein Verlagsvertrag vor (§ 1), der neben seinem obligatorischen Inhalte die Grundlage für die Entstehung eines ausschließlichen, gegen Dritte wirksamen Rechtes, des Verlagsrechts (§ 8), bildet.

Dieses Verlagsrecht, neben welchem das Recht des Urhebers, wenn auch mit den aus dem Verlagsvertrage sich ergebenden Beschränkungen, bestehen bleibt, ist, wie es in der Begr. (S. 57) heißt, ein aus dem Urheberrecht abgeleitetes und ihm demgemäß im Wesen gleichartiges, wenn auch inhaltlich nicht so weittragendes Recht, dessen Grenzen jeweils durch den Verlagsvertrag bestimmt werden.

Bei dem engen Zusammenhange, welcher hiernach zwischen dem Verlagsrecht und dem Urheberrechte besteht, erschließt sich das Verständnis des Gesetzes über das Verlagsrecht vielfach nur aus dem gleichzeitig verabschiedeten Gesetz über das Urheberrecht an Werken der Literatur und der Tonkunst; dies gilt namentlich von den Vorschriften, welche die durch Abschluß des Verlagsvertrags den Befugnissen des Verfassers erwachsenden Beschränkungen und den Inhalt des dem Verleger zu verschaffenden ausschließlichen Rechtes betreffen.

Der Gedankengang des Gesetzes über das Verlagsrecht ist nach der Begr. (S. 58) folgender:

Nach einer Bestimmung, welche den wesentlichen Inhalt des Verlagsvertrags angibt (§ 1), folgen zunächst Bestimmungen über diejenigen Beschränkungen in der Verwertung des Werkes, welche der Verlagsvertrag für den Verfasser nach sich zieht, und über das auf diesen Beschränkungen beruhende, auch gegen dritte Personen wirkende Verlagsrecht des Verlegers (§§ 2—9); ihnen schließen sich die Bestimmungen an über die aus dem Verlagsvertrage für Verfasser und Verleger sich ergebenden einzelnen Verpflichtungen (§§ 10—27). Es folgen Bestimmungen über die Übertragbarkeit der Verlegerrechte (§ 28), über die Beendigung des Vertragsverhältnisses und über die Folgen, welche eine vertragswidrige Leistung, der Untergang des Verlagsgegenstandes, der Tod des Verfassers, sowie der Konkurs des Verlegers nach sich ziehen (§§ 29—38). Endlich werden die besonderen Verhältnisse geregelt, welche sich bei Vereinbarungen über ein nicht mehr dem Urheberrecht unterliegendes Werk, über Beiträge zu periodischen Sammelwerken und über solche Werke, die der Verfasser nach näherer Anweisung des Bestellers ausarbeitet, gemäß der Natur der Dinge ergeben (§§ 39—47). Eine allgemeine Vorschrift über das Anwendungsgebiet des Gesetzes, eine Vorschrift über die Zuständigkeit des Reichsgerichts bei Streitigkeiten über Ansprüche aus dem Verlagsvertrage und die Bestimmung des Zeitpunkts, mit welchem das Gesetz in Kraft treten soll, bilden den Schluß (§§ 48—50).

Gesetz über das Verlagsrecht.

Vom 19. Juni 1901 (RGBl. S. 217).

In der Fassung der Nov. v. 22. Mai 1910 (RGBl. S. 793).

Wir Wilhelm, von Gottes Gnaden Deutscher Kaiser, König von Preußen 2c.

verordnen im Namen des Reichs, nach erfolgter Zustimmung des Bundesrats und des Reichstags, was folgt:

§ 1.

Durch den Verlagsvertrag[1])[2]) über ein Werk der Literatur oder der Tonkunst[3]) wird der Verfasser[4]) verpflichtet, dem Verleger[5]) das Werk[6]) zur Vervielfältigung und Verbreitung[7]) für eigene Rechnung[8]) zu überlassen. Der Verleger ist verpflichtet[9]), das Werk zu vervielfältigen und zu verbreiten[10]).

1. Statt einer Begriffsbestimmung gibt das Gesetz den wesentlichen Inhalt des Verlagsvertrages an. Nur wenn Verfasser und Verleger die im § 1 aufgezählten Verpflichtungen übernehmen, liegt ein Verlagsvertrag vor. Hierhin gehören also nicht:

a) die Werkverträge des § 47,

b) die Kommissionsverlagsverträge,

c) die Verträge über den Verlag einer Zeitung oder Zeitschrift (RG. i. Zivils. 70 S. 220; vgl. auch

33 S. 31, 68 S. 49). Nicht wesentlich ist die Vereinbarung eines Honorars (RG. i. Zivils. 60 S. 177) und die Verschaffung des Verlagsrechts (§ 39).

2. Eine Form ist für den Verlagsvertrag nicht vorgeschrieben; der mündliche Abschluß ist bindend; doch ist die Schriftform so allgemein üblich, daß im Zweifel erst die beiderseitige Unterschrift den Vertrag zustande bringt (§ 154 Abs. 2 BGB.).

3. Das vorliegende Gesetz erstreckt sich auf Werke der Literatur und der Tonkunst, d. h. auf alle Werke, auf die das UG. Anwendung findet, dagegen nicht auf künstlerische oder photographische Erzeugnisse, sofern sie ihrem Hauptzwecke nach als Kunstwerk zu betrachten sind, ferner nicht auf Schriftstücke, welche als Werke der Literatur nicht angesehen werden können, wie Preisverzeichnisse, alltägliche Briefe (vgl. RG. i. Zivils. 41 S. 48; 70 S. 266). Gegenstand des Verlagsvertrages können aber auch solche Werke sein, an denen ein Urheberrecht nicht besteht (§ 39 Abs. 1), und daher sind als literarische und musikalische Erzeugnisse im Sinne des Verlagsrechts nicht nur die nach § 1 UG. geschützten Werke, sondern namentlich auch die Schriften, an denen das Urheberrecht erloschen ist, und solche Vorträge und Reden anzusehen, welche dem Zwecke der Erbauung, der Belehrung oder der Unterhaltung nicht dienen. Zu den literarischen Erzeugnissen, d. h. denjenigen Geisteswerken, welche an sich einen Bestandteil der Literatur zu bilden geeignet sind, gehören außer Schriftwerken, Vorträgen und Reden auch Abbildungen und plastische Darstellungen wissenschaftlicher oder technischer Art, welche nicht ihrem Hauptzwecke nach als Kunstwerke zu betrachten sind (§ 1 Ziff. 3 UG.; KomBer. S. 2), wie Landkarten, Zeichnungen von Maschinen u. dgl. Zu den dramatischen Werken, welche als literarische Erzeugnisse Gegenstand eines Verlagsvertrages sein können,

zählen auch Pantomimen und choreographische Werke, welche eine dramatische Handlung zur Darstellung bringen, sofern nur die Entwickelung der Handlung, der Gedankengang usw. schriftlich aufgezeichnet ist. (Begr. UG. S. 14; KomBer. UG. S. 2). Dramatisch-musikalische Werke vereinigen in sich die Eigenschaften eines literarischen und eines musikalischen Erzeugnisses.

4. Aus der Vorgeschichte des Gesetzes ergibt sich, daß „Verfasser" der Urheber im Sinne des § 2 UG., also auch der Übersetzer und Bearbeiter, überhaupt derjenige ist, der das Werk in der dem Verleger übergebenen Gestalt durch seine geistige Tätigkeit hervorgebracht hat. Doch liegt ein Verlagsvertrag auch dann vor, wenn derjenige, der den Vertrag mit dem Verleger abschließt, nicht der Verfasser ist (§ 48; vgl. auch § 39).

Ist das Werk von mehreren Personen verfaßt, so kommt es darauf an, ob ihre Arbeiten sich voneinander trennen lassen; im ersteren Falle (Sammelwerke, Musik und Text einer Oper usw.) gilt jeder Beteiligte als Verfasser des von ihm herrührenden Teils; im anderen Falle entsteht unter ihnen nach § 6 UG. eine Gemeinschaft nach Bruchteilen im Sinne des § 741 BGB.

Wenn mehrere Verfasser sich durch Verlagsvertrag zur Überlassung eines Werkes verpflichten, so ist die von ihnen geschuldete Leistung in beiden Fällen regelmäßig eine unteilbare, und daher haften sie dem Verleger nach § 431 BGB. als Gesamtschuldner, und es kommen die §§ 421 ff. BGB. zur Anwendung.

5. Verleger ist derjenige, welcher den Verlag des Werkes übernimmt. Betreibt er das Verlagsgeschäft gewerbsmäßig, so ist er gemäß § 1 HGB. Kaufmann und hat die Pflichten eines solchen. Daß der Verleger gewerbsmäßig Verlagsgeschäfte betreibt, ist für die Anwendung des Gesetzes nicht Voraussetzung. Der Verlagsvertrag kann auch für den Verfasser ein Handelsgeschäft sein. Darüber, daß auch juristische Personen des öffentlichen

Rechtes, z. B. Akademien und Universitäten, den Verlag eines Werkes übernehmen können, vgl. § 3 UG. Verleger ist auch derjenige, welcher ein von ihm selbst verfaßtes Werk verlegt (RG. i. Zivils. 5 S. 67); einen Verlagsvertrag aber schließt er nicht, da er nicht sich selbst gegenüber Verpflichtungen im Sinne des § 1 übernehmen kann.

6. Das Werk ist in der Regel die geistige Schöpfung des Verfassers. An anderen Stellen (vgl. §§ 9, 10, 27, 33) bedeutet Werk die zur Vervielfältigung bestimmte Schrift oder Zeichnung, die handschriftlich oder mechanisch, also auch durch Druck, hergestellt sein kann. Im § 1 hat „Werk" den ersteren Sinn.

7. Die Vervielfältigung wird fast immer auf mechanischem Wege (vgl. RG. i. Zivils. 22 S. 178; 27 S. 60) erfolgen. Die Verbreitung, d. i. die Verabfolgung der hergestellten Exemplare an dritte Personen wird in der Regel zu Erwerbszwecken geschehen; ein Erfordernis des Verlagsvertrages ist dies aber nicht, so daß ein Verlagsvertrag auch dann vorliegt, wenn der Reinertrag des Unternehmens etwa zu einem wohltätigen Zwecke verwandt werden soll. Auch die sonstige wirtschaftliche Ausnutzung des Urheberrechts, z. B. die öffentliche Mitteilung und der öffentliche Vortrag (vgl. § 11 Abs. 1 Satz 2 und Abs. 3 UG.), kann durch den Verlagsvertrag dem Verleger überlassen werden. Verträge aber, durch die der Verfasser lediglich die sonstige wirtschaftliche Ausnutzung des Urheberrechts, wie etwa die Befugnis zur öffentlichen Aufführung des Werkes einem Dritten überträgt, sind nicht als Verlagsverträge zu erachten. Sie unterstehen daher nicht den Vorschriften des vorliegenden Gesetzes, sondern den allgemeinen Normen des bürgerlichen Rechtes.

8. Besteht die dem Verfasser zu gewährende Vergütung in einer Gewinnbeteiligung, so sind dem Verlagsvertrage zwar gesellschaftliche Elemente beigemischt; der

Begriff des Verlagsvertrags wird indes hierdurch nicht beseitigt. (ROHG. 16 S. 251; Jur. Woch. 1900 S. 59 Nr. 32; vgl. auch § 24.) Auch daß der Verfasser die Druckkosten ganz oder teilweise trägt, oder daß Gewinn und Verlust zwischen Verfasser und Verleger gleichmäßig geteilt werden, ändert nichts an der Natur des Verlagsvertrages; vgl. aber RG. i. Zivils. 68 S. 52. Der Kommissionsverlag aber, bei welchem das Geschäft auf den Namen, nicht auf Rechnung des Verlegers geht, der letztere vielmehr eine bestimmte Vergütung erhält, während Gewinn und Verlust dem Verfasser verbleiben, gehört nicht dem Verlagsrecht an. Auf den Kommissionsverlag finden vielmehr die Vorschriften des BGB. über den Dienstvertrag (§§ 611—630, 675) Anwendung; die Vorschriften des HGB. über das Kommissionsgeschäft sind nur anwendbar, wenn der Kommissionsverleger Kaufmann ist und das Geschäft im Betriebe seines Handelsgewerbes schließt. (§§ 383, 406 Abs. 1 HGB.) Die Begr. (S. 60) enthält nachstehende Zusammenstellung der für den Kommissionsverlag geltenden Besonderheiten:

a) Wer den kommissionsweisen Verlag eines Werkes übernimmt, hat, wenn er, wie dies in der Regel zutrifft, Kaufmann ist, bei der Vervielfältigung und Verbreitung des Werkes mit der Sorgfalt eines ordentlichen Kaufmanns das Interesse des Verfassers wahrzunehmen und dessen Weisungen zu befolgen.

b) Im Falle des Kommissionsverlags werden die Höhe der Auflage, die Form und Ausstattung des Werkes sowie die Höhe des Preises allein von dem Verfasser bestimmt; der Verleger hat dabei die Weisungen des Verfassers zu befolgen.

c) Macht der Kommissionsverleger zum Zwecke der Vervielfältigung und Verbreitung Aufwendungen, die er den Umständen nach für erforderlich erachten darf, so ist der Verfasser zum Ersatze verpflichtet.

d) Der Kommissionsverleger erlangt kein ausschließliches Recht zur Vervielfältigung und Verbreitung. Gibt der Verfasser dem Vertrage zuwider das Werk noch anderweit in Verlag, so haftet er allerdings dem Kommissionsverleger für Schadenersatz, kann aber wegen Nachdrucks nicht verfolgt werden. Ebensowenig ist der Kommissionsverleger in der Lage, gegen Dritte, welche das Werk nachdrucken, die Rechte des Urhebers geltend zu machen.

e) Für den Verlust und die Beschädigung der in seiner Verwahrung befindlichen Abzüge ist der Kommissionsverleger verantwortlich, außer wenn ihn kein Verschulden trifft.

f) Der Kommissionsverleger ist verpflichtet, dem Verfasser über das Geschäft Rechenschaft abzulegen. Wann und wie oft dies zu geschehen hat, bestimmt sich nach der Verkehrssitte.

g) Inwieweit bei der Kündigung des Vertragsverhältnisses eine Frist eingehalten werden muß, ist entsprechend der Lage des Einzelfalles und mit Rücksicht auf die Verkehrssitte zu beurteilen.

9. Die Verpflichtung des Verlegers zur Vervielfältigung und Verbreitung gehört zu den wesentlichen Bestandteilen des Verlagsvertrages (vgl. auch RG. i. Zivils. 49 S. 280). Wird nur das Recht der Vervielfältigung und Verbreitung vom Verfasser auf einen anderen übertragen, so liegt ein Verlagsvertrag nicht vor; in solchem Falle ist das Vertragsverhältnis nach den allgemeinen Normen des bürgerlichen Rechtes zu beurteilen. Das gleiche gilt, wenn das Urheberrecht selbst Gegenstand der Übertragung ist. Alsdann liegt die Übertragung eines Rechtes (Abtretung) im Sinne der §§ 413, 398 ff. BGB. vor,

deren Kausalgeschäft, wenn für das Urheberrecht ein vereinbarter Preis gezahlt wird, ein Kauf im Sinne des § 433 BGB. ist; übernimmt der Verleger auch die Verpflichtung zur Vervielfältigung und Verbreitung, so finden insoweit die Bestimmungen dieses Gesetzes Anwendung. Einer Zeitung, einer Zeitschrift oder einem sonstigen periodischen Sammelwerke werden häufig Beiträge zur Veröffentlichung überlassen, ohne daß vom Verleger eine Verbindlichkeit zur Vervielfältigung und Verbreitung übernommen wird. Wenngleich hier ein Verlagsvertrag nicht vorliegt, so sind doch auf derartige Fälle nach § 41 die Bestimmungen des Gesetzes mit den in den §§ 42—46 aufgeführten Maßgaben anzuwenden. Das dem Verleger eingeräumte Recht der Vervielfältigung und Verbreitung kann zeitlich (§ 29) und territorial begrenzt sein.

10. Im einzelnen sind die dem Verfasser auf Grund des Verlagsvertrages obliegenden Verpflichtungen in den §§ 2, 3, 8, 10—12 geregelt, während §§ 4—7 und 13 bis 20 die näheren Bestimmungen darüber enthalten, in welchem Umfang und in welcher Weise der Verleger zur Vervielfältigung und Verbreitung verpflichtet ist; vgl. insbesondere § 14. Ergänzend greift aber sowohl für den Verfasser, als auch für den Verleger § 242 BGB. ein, inhalts dessen die jedem Teile obliegende Leistung so zu bewirken ist, wie Treu und Glauben mit Rücksicht auf die Verkehrssitte es erfordern. Gerade das Verhältnis zwischen Verfasser und Verleger basiert in besonders hervorragendem Maße auf Treu und Glauben. Demgemäß ist auch die einseitige Auslegung des Vertrages zugunsten des Verfassers unstatthaft (RG. i. Straff. 17 S. 275).

§ 2.[1])

Der Verfasser hat sich während der Dauer des Vertragsverhältnisses[2]) jeder Vervielfältigung und Verbreitung[3]) des Werkes zu enthalten, die einem

Dritten[4])[5]) während der Dauer des Urheberrechtes[6]) untersagt ist[7]).

Dem Verfasser verbleibt jedoch die Befugnis zur Vervielfältigung und Verbreitung[8]):

1. für die Übersetzung in eine andere Sprache oder in eine andere Mundart[9]);
2. für die Wiedergabe einer Erzählung in dramatischer Form oder eines Bühnenwerkes in der Form einer Erzählung[10]);
3. für die Bearbeitung eines Werkes der Tonkunst, soweit sie nicht bloß ein Auszug oder eine Übertragung in eine andere Tonart oder Stimmlage ist[11]);
4. für die Benutzung des Werkes zum Zwecke der mechanischen Wiedergabe für das Gehör;
5. für die Benutzung eines Schriftwerkes oder einer Abbildung zu einer bildlichen Darstellung, welche das Originalwerk seinem Inhalte nach im Wege der Kinematographie oder eines ihr ähnlichen Verfahrens wiedergibt[13])[14]).

Auch ist der Verfasser zur Vervielfältigung und Verbreitung in einer Gesamtausgabe[15]) befugt, wenn seit dem Ablaufe des Kalenderjahrs, in welchem das Werk erschienen[16]) ist, zwanzig Jahre verstrichen sind[17])[18]).

1. Da der Verlagsvertrag in der Regel dem Verleger das Urheberrecht als solches nicht überträgt, so verbleiben dem Verfasser an sich sämtliche ihm nach §§ 11 ff. UG.

zustehenden Rechte. Da dies dem Zwecke des Verlagsvertrages, nämlich der wirtschaftlichen Ausbeutung des Werkes durch den Verleger zuwiderläuft, so schränkt § 2 das Urheberrecht des Verfassers zugunsten des Verlegers ein. § 2 findet aber auch dann Anwendung, wenn dem Verfasser ein Urheberrecht nicht zusteht. Die Vorschrift ist nicht zwingend; auch wenn die Befugnisse des Verfassers an dem Werke anders geregelt werden als es in § 2 geschieht, liegt ein Verlagsvertrag vor. (Kom.-Ber. S. 5.)

2. Das Vertragsverhältnis beginnt, sofern der Vertrag nichts anderes bestimmt, mit dessen Abschluß.

Durch welche Ereignisse, mit welchem Zeitpunkt und in welcher Weise das Rechtsverhältnis aus dem Verlagsvertrage beendigt wird, ergeben die §§ 18 und 29—38.

3. Die sonstigen Befugnisse des Urhebers verbleiben dem Verfasser. Vgl § 1 Anm. 7. Insbesondere verbleibt ihm auch das Recht, die unbefugte Vervielfältigung und Verbreitung Dritten zu untersagen. Für den Fall, daß dem Verfasser ein Urheberrecht nicht zusteht, vgl. § 39 Abs. 3.

4. Die Vervielfältigung eines Werkes ohne Einwilligung des Berechtigten ist nach § 15 UG. unzulässig, und somit hat sich der Verfasser dem Verleger gegenüber jeder Handlung zu enthalten, die unter den Begriff des Nachdrucks im Sinne der §§ 15 ff. UG. fällt. Grundsätzlich ist hiernach dem Verfasser nicht nur die Befugnis zur Vervielfältigung des Werkes in unveränderter Gestalt, sondern auch zu dessen Wiedergabe in anderer Form, mit Änderungen, Zusätzen oder Abkürzungen, mit Illustrationen oder in Gestalt einer Prachtausgabe, entzogen, gleichgültig, ob er dadurch dem Verleger Konkurrenz macht oder nicht, wogegen ihm, wie § 13 Abs. 1 UG. ergibt, die freie Benutzung des dem Verleger überlassenen Werkes zur Hervorbringung einer anderen eigentümlichen Schöpfung — ebenso wie die Aufnahme kleinerer Schriften in eine selbständige wissenschaftliche Arbeit (§ 19 Ziff. 2 UG.) oder

in eine Sammlung der durch § 19 Ziff. 3 und 4 UG. bezeichneten Art — gestattet ist. In welchem Umfange beim Verlagsvertrag über ein Werk der Tonkunst der Verfasser berechtigt bleibt. Stellen aus diesem Werke anderweit anzuführen oder das Werk in selbständige wissenschaftliche Arbeiten sowie in Sammlungen aufzunehmen, ergibt § 21 UG. Die dem Verfasser auferlegten Beschränkungen gelten auch für das Ausland, sofern nach dem ausländischen Rechte jedem Dritten die Vervielfältigung und Verbreitung untersagt ist.

5. Die ohne Einwilligung des Urhebers erfolgende Verbreitung rechtmäßig hergestellter Exemplare des Werkes ist nur dann rechtswidrig, wenn sie gewerbsmäßig geschieht. § 11 Abs. 1 Satz 1 UG. Wer aber, sei es unmittelbar oder mittelbar, von dem Verleger Exemplare des Werkes erwirbt, erlangt damit auch die Befugnis, diese Exemplare gewerbsmäßig zu verbreiten. Die Rechtswidrigkeit der gewerbsmäßigen Verbreitung kann namentlich dann in Frage kommen, wenn der Verfasser, wie dies im Musikverlage vielfach geschieht, Verlagsverträge mit mehreren Verlegern in der Weise geschlossen hat, daß jedem Verleger ein bestimmtes Gebiet überwiesen wird, von welchem die anderen ausgeschlossen sind (vgl. § 8 Abs. 3 Satz 2 UG.). Ist das Verlagsrecht territorial begrenzt, so darf der Verfasser ebensowenig wie ein Dritter Exemplare des Werkes, welche er im Auslande von dem dortigen Verleger erworben hat, im Inlande gewerbsmäßig verbreiten. Vgl. RG. i. Zivils. 42 S. 301.

6. Der Verlagsvertrag wird in der Regel auf die Dauer des Urheberrechts beschränkt sein; das durch den Verlagsvertrag begründete Rechtsverhältnis kann jedoch auch über die dem Schutze des Urheberrechts gezogene zeitliche Grenze (§§ 29 ff. UG.) fortdauern; dann dauert auch die Beschränkung des Verfassers aus § 2 bis zur Beendigung des Verlagsvertrages fort.

7. Verstößt der Verfasser gegen die ihm auferlegten

Beschränkungen, so steht dem Verleger ein Anspruch auf Unterlassung und auf Schadenersatz zu; dagegen ist für ein Strafverfahren kein Raum, da eine Verletzung des Urheberrechts nicht vorliegt.

8. Die in Abs. 2 enthaltenen Bestimmungen, durch welche dem Verfasser die Herausgabe von Bearbeitungen des Werkes in gewissem Umfang ausdrücklich vorbehalten wird, lehnen sich an § 12 Abs. 2 Ziff. 1 und 3 sowie § 14 UG. an. Die zugunsten des Verfassers gemachten Vorbehalte erstrecken sich auf solche Bearbeitungen, welche eine selbständige literarische oder tonkünstlerische Verwertung des Werkes in sich schließen und dabei der wirtschaftlichen Verwendung durch den Verleger keinen wesentlichen Abbruch tun.

9. Die letztere Erwägung trifft namentlich für die Übersetzung in eine andere Sprache zu, und daher wird dem Verfasser die ausschließliche Befugnis zur Veranstaltung von Übersetzungen gewahrt. Auch die Übertragung des Werkes in eine andere Mundart derselben Sprache ist dem Verfasser gestattet: ein in schlesischer Mundart geschriebenes Bühnenwerk, das vom Verfasser in Verlag gegeben ist, darf somit während der Dauer des Vertragsverhältnisses vom Verfasser in hochdeutscher Mundart anderweit herausgegeben werden. Die Rückübersetzung in die Sprache des Originalwerkes (§ 12 S. 2 UG.) ist dem Verfasser nicht gestattet.

10. Die Dramatisierung einer Erzählung, wie die Umwandlung eines Bühnenwerkes in eine Erzählung ist dem Verfasser vorbehalten, gleichviel ob diese Bearbeitung auf einer selbständigen Neugestaltung beruht oder nicht. Dagegen steht dem Verfasser das Recht, ein in Verlag gegebenes Bühnenwerk in einen Operntext umzuwandeln, nur dann zu, wenn er in freier Benutzung des Originals eine eigentümliche Schöpfung hervorbringt (§ 13 Abs. 1 UG.).

11. Zu den künstlerischen Bearbeitungen eines Werkes

der Tonkunst oder einzelner Motive desselben, welche dem Verfasser freigegeben worden sind, zählen nicht nur die in der Begr. (S. 61) hervorgehobenen Variationen, Phantasien, Potpourris, sondern auch Einrichtungen für andere Instrumente oder Stimmen, z. B. die Einrichtung eines Liedes, welches ursprünglich für eine Singstimme mit Klavierbegleitung herausgegeben ist, für Chor und Orchester. (KomBer. S. 10, 11.) Dagegen liegt eine Bearbeitung im Sinne der obigen Vorschrift überhaupt nicht vor, wenn das Werk selbst unverändert, aber mit Zusätzen, beispielsweise unter Hinzufügung von Fingersatz, Stricharten, Atmungszeichen, Vortragsbezeichnungen, herausgegeben wird. Eine derartige Herausgabe des Werkes ist ebenso wie die in der Herstellung eines Auszugs, etwa eines Klavierauszuges, oder in der Übertragung in eine andere Tonart oder Stimmlage bestehende Bearbeitung während der Dauer des Vertragsverhältnisses weder dem Verfasser, noch dem Verleger gestattet, dem ersteren nicht, weil in dieser Beziehung ein Vorbehalt zu seinen Gunsten nicht gemacht ist, dem letzeren nicht, weil er an dem ihm überlassenen Werke Änderungen nicht vornehmen darf (§ 13); zur Herausgabe einer solchen Bearbeitung bedarf es somit einer besonderen vertraglichen Einigung zwischen dem Verfasser und dem Verleger.

12. Es macht keinen Unterschied, ob die Vorrichtungen durch welche die Wiedergabe bewirkt wird, als fest eingefügte Bestandteile mit dem Instrument ein untrennbares Ganzes bilden oder ausgewechselt und besonders in den Verkehr gebracht werden können. Es gehören hierher Pianolas, Orchestrions, elektrische Klaviere, Äolions, aber auch Grammophone und sonstige Sprechmaschinen.

13. Hierher gehören nicht Photographien, sondern nur Reihenfolgen von Abbildungen, die wie bei der Kinematographie durch mechanische Vorrichtungen den Hergang in zeitlicher Folge veranschaulichen.

14. Nr. 4 und 5 sind durch das Gesetz vom 22. Mai 1910 (RGBl. S. 796) eingefügt. Sie waren durch die Berner Übereinkunft vom 13. November 1908 erforderlich geworden, die den Urheberrechtsschutz auf die mechanische Wiedergabe von Werken der Tonkunst und auf das Gebiet der Kinematographie ausdehnte. Die Bestimmungen sind am 9. September 1910 in Kraft getreten. Vgl. RGBl. 1910 S. 987 und Art. V des Gesetzes vom 22. Mai 1910. Die Kommission war einhellig der Ansicht, daß den Bestimmungen eine rückwirkende Kraft nicht beizumessen sei und eine authentische Interpretation der bestehenden Verträge keineswegs beabsichtigt sei. Vgl. dazu Verordnung vom 12. Juli 1910 (RGBl. S. 989).

15. Die Gesamtausgabe braucht nicht notwendig sämtliche Werke des Verfassers wiederzugeben, muß sie aber immerhin in einer gewissen Vollständigkeit enthalten. In der Begr. (S. 61) wird diese Beschränkung mit dem Hinweise gerechtfertigt, daß es sonst jedem Urheber möglich sein würde, durch Herstellung einer billigen Gesamtausgabe die Absatzfähigkeit der einzelnen Schriften erheblich zu beeinträchtigen, zumal da die Gesamtausgabe sehr häufig nur eine Auswahl der besten Erzeugnisse des Urhebers enthalte. Die Befugnis des Verfassers, einzelne Gedichte, einzelne Aufsätze von geringerem Umfang oder kleinere Teile eines Schriftwerkes in eine Sammlung der im § 19 Ziff. 3 oder 4 UG. bezeichneten Art aufzunehmen, wird hierdurch nicht berührt. Abgesehen hiervon ist die Aufnahme in ein Sammelwerk, d. h. ein Werk, das aus den getrennten Beiträgen mehrerer besteht (§ 4 UG.), dem Verfasser nicht gestattet.

16. Vgl. § 3 Anm. 5.

17. Die RTKom. wollte durch die Fassung des Absatzes 3 verhindern, daß der Verfasser für immer der Möglichkeit verlustig gehe, ohne Genehmigung aller derjenigen, denen er einmal ein einzelnes Werk in Verlag gegeben habe, eine Gesamtausgabe seiner Werke zu ver-

anstalten. Endigt das Vertragsverhältnis vor Ablauf des in Absatz 3 bestimmten Zeitraums, so ist der Verfasser zu jeder anderweitigen Herausgabe des Werkes befugt. Auf Verträge, die vor dem Inkrafttreten des Gesetzes geschlossen sind, findet Absatz 3 keine Anwendung (RG. i. Zivils. 54 S. 436).

18. In der Begr. (S. 61) wird die Frage erörtert, ob der Verfasser während der Dauer des Vertragsverhältnisses ein Werk herausgeben darf, dessen Veröffentlichung nach dem Gesetz über das Urheberrecht zwar einem Dritten gestattet, aber geeignet sein würde, dem Verleger die wirtschaftliche Ausnutzung des in Verlag gegebenen Werkes zu erschweren. Diese Frage ist im vorliegenden Gesetze nicht entschieden, und in der Begr. wird zutreffend auf § 157 BGB. verwiesen, kraft dessen dem Verleger die Herausgabe eines solchen Werkes nicht gestattet sei, wenn er dadurch nach den Umständen des Falles mit dem Verleger in einen gegen Treu und Glauben verstoßenden Wettbewerb treten würde. Die rechtliche Folge eines solchen Verstoßes gegen die dem Verfasser obliegenden Vertragspflichten würde ein Anspruch des Verlegers auf Schadenersatz sein; auch steht dem Verleger gegen den Verfasser ein Anspruch auf Unterlassung zu.

§ 3[1]).

Beiträge zu einem Sammelwerke[2]), für die dem Verfasser ein Anspruch auf Vergütung nicht zusteht[3])[4]), dürfen von ihm anderweit verwertet werden, wenn seit dem Ablaufe des Kalenderjahrs, in welchem sie erschienen sind[5]), ein Jahr verstrichen ist[6]).

1. § 3 behandelt einen besonderen Fall, in welchem dem Verfasser noch vor der Beendigung des Ver-

tragsverhältnisses die anderweitige Vervielfältigung und Verbreitung des Werkes gestattet ist, also eine Ausnahme von der Vorschrift des § 2 Abs. 1.

2. Vgl. § 2 Nr. 12.

3. Hierher gehören häufig wissenschaftliche Abhandlungen, welche zu einer akademischen Festgabe vereinigt werden. Da der Absatz derartiger Sammelwerke gering zu sein pflegt, so werden die einzelnen Beiträge von den Verfassern in der Regel unentgeltlich geliefert, und nur unter dieser Voraussetzung findet die Vorschrift des § 3 Anwendung. Die Freiexemplare, welche der Verfasser des einzelnen Beitrages erhält, sind in der Regel als Vergütung nicht anzusehen, gleichviel, ob sie in Exemplaren des ganzen Sammelwerkes oder in Sonderabzügen des Beitrages bestehen; nur ausnahmsweise wird man hierin eine besonders geartete Vergütung erblicken können. Bei periodischen Sammelwerken kommt § 42 Abs. 2 zur Anwendung.

4. Eine Vergütung darf weder vereinbart sein noch gemäß § 22 Abs. 1 als stillschweigend vereinbart gelten.

5. Unter dem Erscheinen des Werkes ist dessen Herausgabe im Verlagshandel, also das öffentliche tatsächliche Angebot von Vervielfältigungen, zu verstehen. Erscheint das Werk in Lieferungen oder einzelnen Bänden, so beginnt die Frist mit Ablauf des Kalenderjahres, in dem der letzte Teil des Beitrages erschienen ist.

6. Da durch § 3 die Rechte des Verfassers erweitert werden sollen, so bezieht sich die Fristbestimmung nur auf eine Verwertung, welche dem § 2 zuwiderlaufen würde. Andere Verwertungen des Beitrages stehen dem Verfasser sofort frei.

§ 4.

Der Verleger ist nicht berechtigt, ein Einzelwerk für eine Gesamtausgabe oder ein Sammelwerk[1])

sowie Teile einer Gesamtausgabe oder eines Sammelwerkes für eine Sonderausgabe[2]) zu verwerten[3])[4])[5]). Soweit jedoch eine solche Verwertung auch während der Dauer des Urheberrechts einem Jeden freisteht[6]), bleibt sie dem Verleger gleichfalls gestattet.

1. Über Gesamtausgabe und Sammelwerk vgl. § 2 Anm. 12. Die Herausgabe eines Einzelwerkes ist von dessen Verwertung durch Aufnahme in eine Gesamtausgabe oder in ein Sammelwerk wesentlich verschieden. Das Verlagsrecht für ein Einzelwerk schließt daher die Befugnis zu dessen Verwertung für eine Gesamtausgabe oder für ein Sammelwerk ohne besondere Vereinbarung nicht in sich.

2. Wird dem Verleger ein Beitrag für eine Gesamtausgabe oder für ein Sammelwerk überlassen, so ist der Verleger ohne Zustimmung des Verfassers zur Veranstaltung einer Sonderausgabe nicht befugt. Daß der Verleger den ihm für ein bestimmtes Sammelwerk überlassenen Beitrag nicht für ein anderes Sammelwerk verwenden darf, ist als selbstverständlich nicht besonders hervorgehoben. Wann und unter welchen Voraussetzungen der Verfasser über den für ein Sammelwerk gelieferten Beitrag verfügen darf, ist in §§ 3, 42 Abs. 2 geregelt. Über Sonderabzüge für Freiexemplare vgl. § 25 Abs. 3.

3. Nach dem Entwurfe sollte die Vorschrift des § 4 auf Werke der Literatur beschränkt werden, weil im Musikalienhandel kleinere Tonstücke häufig nur so zu verwerten sind, daß sie mit anderen gleichartigen Arbeiten zu einem Sammelwerke vereinigt werden. Die RT.-Kom. hat indes die den Befugnissen des Verlegers gezogene Schranke verallgemeinert, weil „die Komponisten mit den Schriftstellern die gleichen ideellen und wirt-

schaftlichen Interessen haben und nicht schlechter gestellt zu werden verdienen als diese". KomBer. S. 13.

4. Die Frage, ob der Verleger berechtigt ist, auch einzelne Bände einer Gesamtausgabe oder eines größeren ihm als ein Ganzes überlassenen Werkes zu vertreiben, wird durch § 4 nicht entschieden. Sie wird insoweit zu bejahen sein, als nicht § 14 Satz 1 entgegensteht oder die besonderen Umstände des Falles eine anderweite Entscheidung rechtfertigen.

5. Der Verstoß gegen diese Bestimmung stellt eine Urheberrechtsverletzung dar und hat die Folgen einer solchen (§§ 36 ff. UG.). Im übrigen vgl. § 5 Anm. 1 a. E.

6. Vgl. §§ 19—21 UG. Neben den aus dem Verlagsvertrage sich ergebenden Befugnissen sollen dem Verleger im Verhältnisse zum Verfasser die gleichen Rechte zustehen wie jedem Dritten. KomBer. S. 13. Der Verleger ist daher beispielsweise, ebenso wie jeder Dritte, befugt, einzelne Stellen oder kleinere Teile des von ihm verlegten Werkes in einer selbständigen literarischen Arbeit anzuführen (§ 19 Ziff. 1 UG.) oder kleinere Kompositionen, deren Verlag er übernommen hat, nach dem Erscheinen in eine selbständige wissenschaftliche Arbeit aufzunehmen (§ 21 Ziff. 2 UG.); auch kann er den Verlag von Werken übernehmen, deren Verfasser von den Befugnissen der §§ 19—21 UG. Gebrauch gemacht hat.

§ 5.

Der Verleger ist nur zu einer Auflage[1]) berechtigt[2])[3]). Ist ihm das Recht zur Veranstaltung mehrerer Auflagen[4]) eingeräumt, so gelten im Zweifel für jede neue Auflage die gleichen Abreden wie für die vorhergehende[5]).

Ist die Zahl der Abzüge nicht bestimmt, so ist der Verleger berechtigt, tausend Abzüge herzu-

stellen [6] [7]). Hat der Verleger durch eine vor dem Beginne der Vervielfältigung [8]) dem Verfasser gegenüber abgegebene Erklärung [9]) die Zahl der Abzüge niedriger bestimmt [10]), so ist er nur berechtigt die Auflage in der angegebenen Höhe herzustellen [11]).

1. Der Begriff der Auflage hat sich im Anschluß an den zurzeit üblichen Druck mit beweglichen Lettern entwickelt. Da bei diesem Verfahren nach Herstellung einer gewissen Anzahl von Abzügen der Satz wieder auseinandergenommen wird, so bildete die Gesamtheit der durch einmaligen Druck hergestellten Exemplare des Werkes eine Auflage. Die Unterscheidung zwischen neuer Auflage und neuer Ausgabe hat rechtlich jeden praktischen Wert verloren; sie ist nur noch buchhändlerisch von Bedeutung. Die Vorschrift des Entwurfes, daß der Verleger jede Auflage auf einmal herzustellen habe, ist von der RTKom. beseitigt worden, weil schon gegenwärtig zum Drucken nicht selten Stereotypplatten verwendet werden, von denen jederzeit nach Bedürfnis Abdrücke hergestellt werden können. Durch diese Änderung der Herstellungsart ist der Begriff der Auflage ein anderer geworden; im Sinne des § 5 bildet die Gesamtzahl derjenigen Abzüge, welche der Verleger, sei es nach Inhalt des Verlagsvertrages oder nach gesetzlicher Vorschrift (§ 5 Abs. 2), auf einmal herzustellen berechtigt ist, eine Auflage.

2. Läßt der Verleger mehr Auflagen oder eine größere Anzahl von Exemplaren herstellen, als ihm der Vertrag oder das Gesetz gestattet, so liegt eine rechtswidrige Vervielfältigung vor, welche nach § 36 UG. zum Schadenersatze verpflichtet und der Strafandrohung des § 38 Ziff. 1 UG. unterliegt. Der auf § 36 UG.

gegründete Schadenersatzanspruch verjährt zwar ebenso wie die Strafverfolgung wegen Nachdrucks in drei Jahren (§§ 50, 51 UG.); der Verleger aber, der eine rechtswidrige Vervielfältigung vornimmt, handelt auch dem Verlagsvertrage zuwider, sodaß der Verfasser Ansprüche wegen Vertragsverletzung erheben kann, die der kurzen Verjährung nicht unterliegen. RG. i. Zivils. 12 S. 108.

3. Die Anwendung des § 5 setzt voraus, daß das Werk in Auflagen erscheinen soll; dies ist stets anzunehmen, sofern nicht das Gegenteil besonders vereinbart ist. Im Zweifel hat der Verleger ein Recht nur auf eine Auflage. Dies gilt grundsätzlich auch für den Musikalienverlag, wenngleich diesem nach der bisherigen Übung der Begriff der Auflage fremd (Begr. S. 65) oder doch nur insoweit bekannt ist, als er, wie bei Schulbüchern (Gesangschulen, Klavierschulen), die Formen des Buchverlags angenommen hat. Der Umstand, daß im Verlagsvertrage die Zahl der zulässigen Abzüge nicht bestimmt ist, reicht nicht aus, um die Anwendung des § 5 Abs. 1 zu beseitigen; denn für diesen Fall ist über die Zahl der Abzüge, welche der Verleger herstellen darf, im § 5 Abs. 2 Bestimmung getroffen.

4. Die Fassung ergibt, daß dieses Recht nur durch besondere Vereinbarung entsteht. Die Vorschrift gilt aber, gleichgültig, ob dem Verfasser das Recht auf sämtliche oder nur auf mehrere der Zahl nach beschränkte Auflagen eingeräumt ist.

5. Die Vorschrift in Satz 2 trägt dem mutmaßlichen Willen der Parteien Rechnung. Die Abreden, welche für die erste Auflage gelten, sind hiernach auch für die zweite Auflage maßgebend, für jede weitere Auflage aber nur dann, wenn nicht für die vorhergehende Auflage abweichende Vereinbarungen getroffen sind. Die sich in vielen Verlagsverträgen findende Bestimmung, daß

der Vertrag auf alle folgenden Auflagen Anwendung finden solle, sofern die Parteien nicht etwas anderes vereinbaren, ist demnach überflüssig, erregt aber durch ihre Fassung zuweilen Zweifel, ob nicht die Veranstaltung einer neuen Auflage überhaupt von dem Zustandekommen einer neuen Vereinbarung abhängen solle. Zu den Abreden, welche für die neue Auflage maßgebend bleiben, gehört namentlich auch die Vereinbarung über die dem Verfasser zu gewährende Vergütung und die Höhe der Auflage. Ist die Höhe der Vergütung für die erste Auflage nicht bestimmt, so daß § 22 Abs. 2 zur Anwendung gelangt, so hat der Verfasser für jede neue Auflage auf diejenige Vergütung Anspruch, welche zur Zeit der Bearbeitung oder Veranstaltung der neuen Auflage als angemessen zu erachten ist.

6. In Abs. 2 wird die Höhe der Auflage für den Fall, daß sie im Vertrage nicht vereinbart oder der Bestimmung des Verlegers überlassen ist, durch das Gesetz bestimmt. Der Entwurf beabsichtigte, in Ermangelung einer Vereinbarung die Festsetzung grundsätzlich dem Verleger zu überlassen, da dieser sich in seinem eigenen Interesse auf eine angemessene Zahl beschränken werde. Dem gegenüber hat die RTKom. erwogen, daß der Verleger geneigt sein könne, die Auflage ungebührlich hoch zu bemessen, um die Vergütung, welche dem Verfasser für jede neue Auflage zustehe, zu schmälern. Infolgedessen ist in Abs. 2 Satz 1 die Zahl der Abzüge, zu deren Herstellung der Verleger berechtigt ist, auf 1000 bestimmt, und zwar in dem Sinne, daß ohne Zustimmung des Verfassers eine größere Zahl von Exemplaren nicht hergestellt werden darf; diese Vorschrift gilt jedoch nur für die erste und für diejenigen späteren Auflagen, bei welchen die Stärke der vorangegangenen Auflage im Vertrage nicht bestimmt war. Sind von der ersten Auflage auf Grund des § 5 Abs. 2 1000 Exemplare hergestellt und ist demnächst von dem Verleger mit dem

Verfasser vereinbart worden, daß die zweite Auflage in einer Stärke von 1500 Abzügen erscheinen solle, so gilt diese Abrede nach § 5 Abs. 1 Satz 2 im Zweifel auch für die dritte Auflage.

7. Vgl. § 16 Anm. 2.

8. D. h. vor der Herstellung des Satzes, der Stereotypplatten usw.

9. Die Erklärung ist eine einseitige empfangsbedürftige Willenserklärung; sie wird also erst dadurch wirksam, daß sie dem Verfasser zugeht (§§ 130—132 BGB.).

10. Trotz der Vorschrift des § 16 soll dem Verleger das Recht gewahrt werden, die Zahl der Abzüge, welche er in einer Auflage herstellen lassen will, niedriger als 1000 zu bestimmen. Die Erklärung gilt nur für diejenige Auflage, für die sie abgegeben ist; sie kann auch für mehrere Auflagen zusammen abgegeben werden. Hat die Vervielfältigung bereits begonnen, ohne daß die erforderliche Erklärung dem Verfasser zugegangen ist, so kann der Verfasser die Herstellung von 1000 Abzügen verlangen.

11. Hat der Verleger die Zahl der Abzüge niedriger bestimmt, so ist er an die einmal getroffene Bestimmung gebunden; wie der Verleger die Auflage nur in der angegebenen Höhe herstellen darf, so kann der Verfasser nach § 16 beanspruchen, daß die Abzüge in der ihm mitgeteilten Anzahl hergestellt werden.

§ 6.

Die üblichen Zuschußexemplare[1]) werden in die Zahl der zulässigen Abzüge nicht eingerechnet. Das gleiche gilt von Freiexemplaren[2]), soweit ihre Zahl den zwanzigsten Teil der zulässigen Abzüge nicht übersteigt[3]).

Zuschußexemplare, die nicht zum Ersatz oder zur Ergänzung beschädigter Abzüge verwendet worden sind, dürfen von dem Verleger nicht verbreitet werden[4])[5]).

1. Zuschußexemplare sind die über die Zahl der zulässigen Abzüge hinaus hergestellten Exemplare, mittelst deren die beim Drucke, beim Heften oder Einbinden, jedenfalls aber vor der endgültigen Ablieferung an den Verleger beschädigten Exemplare ersetzt oder ergänzt werden sollen (vgl. dazu § 7). Die Zahl der erforderlichen Zuschußexemplare läßt sich nicht allgemein festsetzen; sie hängt von der Art des Druckes und des Papiers sowie von sonstigen Umständen technischer Art ab.

2. Freiexemplare sind solche Exemplare, welche der Verleger unentgeltlich entweder dem Verfasser überläßt (§ 25) oder sonst im Interesse der Einführung des Werkes (Besprechungsexemplare) verteilt; auch die unentgeltlich zur Propaganda versandten Probehefte fallen hierunter. Von den Freiexemplaren im engeren Sinne sind die sogenannten Pflichtexemplare zu unterscheiden, welche in Preußen und in einigen anderen deutschen Bundesstaaten der Verleger von jedem in seinem Verlag erscheinenden Werke unentgeltlich an staatliche Bibliotheken abzugeben hat (OVG. 36 S. 434); diese Pflichtexemplare sind nicht Freiexemplare im Sinne dieser Bestimmung; ebensowenig die den Sortimentern bei Bezug mehrerer Exemplare unentgeltlich überlassenen Exemplare, da hierin nur eine Rabattgewährung liegt. Die Verbreitung von Probeheften über den im § 6 bestimmten besonderen Prozentsatz hinaus bedarf der Vereinbarung.

3. Während dem Verleger hinsichtlich der Zuschußexemplare, welche er herstellen lassen darf, eine Grenze nicht gesetzt ist, darf die Zahl der Freiexemplare 5 vom Hundert der zulässigen Abzüge nicht übersteigen. Wird diese Grenze überschritten, so kann der Verfasser

nicht nur Schadenersatz, sondern auch Bestrafung wegen Nachdrucks fordern. §§ 36, 38 Ziff. 1 UG. Wenn dagegen der Verleger Freiexemplare, die innerhalb der gesetzlichen Grenze hergestellt sind, nicht als solche verbreitet, sondern gegen Entgelt veräußert, so liegt, da auch die dem Verleger gestattete unentgeltliche Verteilung der Freiexemplare eine gewerbsmäßige Verbreitung des Werkes ist, eine Rechtsverletzung im Sinne der §§ 36, 38 Ziff. 1 UG. nicht vor; der Verleger macht sich nur einer ihn nach allgemeinen Rechtsgrundsätzen zum Schadenersatze verpflichtenden Zuwiderhandlung gegen seine vertraglichen Pflichten schuldig.

4. Die Vorschrift, daß Zuschußexemplare nur insoweit verbreitet werden dürfen, als sie bestimmungsgemäß verwendet worden sind, ist zum Schutze des Verfassers erforderlich, weil im Gesetze die Zahl der herzustellenden Zuschußexemplare nicht begrenzt ist. Die Zuwiderhandlung des Verlegers gegen das in Abs. 2 ausgesprochene Verbot ist eine Rechtsverletzung im Sinne der §§ 36, 38 Ziff. 1 UG.

5. Der Verleger kann die Frei- und Zuschußexemplare nicht in die Zahl der Abzüge einrechnen, zu deren Herstellung er nach § 16 verpflichtet ist. Er ist zur Herstellung der Freiexemplare verpflichtet, auf deren Lieferung der Verfasser Anspruch hat (§ 25) und deren er zur ordnungsmäßigen Verbreitung bedarf (§ 14).

§ 7.

Gehen Abzüge[1]) unter[2]), die der Verleger auf Lager hat[3]), so darf[4]) er sie durch andere ersetzen[5]); er hat vorher dem Verfasser Anzeige zu machen[6]).

1. Voraussetzung der Anwendbarkeit des § 7 ist, daß Abzüge untergegangen sind, d. h. fertig hergestellte Exemplare, im Gegensatz zu den während der Herstellung

beschädigten Exemplaren im Sinne des § 6. Gehen Abzüge während der Herstellung unter, so ist der Verleger gemäß § 16 verpflichtet, sie zu ersetzen. Es kommt häufig vor, daß ein Teil der Auflage beim Buchbinder zur Verfügung des Verlegers ungebunden lagert, bis die Exemplare je nach dem Fortschritte des Vertriebs gebunden werden; auf solche Abzüge wird § 7 Anwendung zu finden haben, sofern der Verleger nach dem Vertrage nicht verpflichtet ist, die Abzüge binden zu lassen.

2. Ferner müssen Abzüge untergegangen sein. Es ist nicht erforderlich, daß sie vollständig vernichtet sind; es genügt, daß sie so sehr beschädigt sind, daß sie für einen ordnungsmäßigen buchhändlerischen Vertrieb nicht mehr in Frage kommen. Es ist unerheblich, ob der Untergang durch Zufall oder durch einen vom Verleger vertretbaren Umstand bewirkt ist. Nur wenn der Verleger die Vernichtung vorsätzlich herbeigeführt hat, kommt § 7 nicht zur Anwendung, weil die vorsätzliche Vernichtung einen Verzicht auf das Verbreitungsrecht enthält. Hat der Verleger den Untergang vorsätzlich oder fahrlässig verschuldet, so haftet er dem Verfasser für den ihm entstehenden Schaden; insbesondere für den Schaden, der aus der Verzögerung des Vertriebes entsteht; auch dürfen die Kosten der neuen Herstellung dem Verfasser in keiner Weise angerechnet werden.

3. Die Befugnis beschränkt sich auf diejenigen Abzüge, welche bei dem Verleger vorrätig, d. h. auf seinem Lager sind. Wenn also Abzüge, welche der Verleger behufs Verbreitung des Werkes versandt hatte, sei es während des Transports, sei es bei dritten Personen, insbesondere bei Sortimentern, untergehen, so dürfen diese Abzüge nicht ersetzt werden. Dagegen steht dem Verleger die Ersatzbefugnis nicht nur zu, wenn die untergegangenen Abzüge sich auf seinem eigenen Lager befanden, sondern auch dann, wenn sie bei einem Dritten — sei dieser ein Lagerhalter im Sinne des

§ 416 HGB. oder nicht — insbesondere bei dem buchhändlerischen Kommissionär für ihn lagerten oder sich auf dem Transport von einem zum anderen Lager befanden. Die Befugnis des Verlegers wird nicht dadurch beseitigt, daß der ihm erwachsende Schaden durch Versicherung gegen Feuersgefahr gedeckt ist.

4. Die durch Herstellung der Ersatzexemplare erwachsenden Kosten fallen dem Verleger zur Last; besteht aber die Vergütung, auf welche der Verfasser Anspruch hat, in einer Gewinnbeteiligung, so nimmt er, vorbehaltlich seines etwaigen Anspruchs auf Schadenersatz, an den vermögensrechtlichen Folgen des Unterganges teil. In jedem Falle hat über die Ausübung der durch § 7 gewährten Befugnis ausschließlich der Verleger zu befinden, und zwar auch dann, wenn die für die Herstellung der Ersatzexemplare aufzuwendenden Kosten den Gewinn, an welchem der Verfasser beteiligt ist, vermindern oder gänzlich in Frage stellen. Richtet sich die Vergütung des Verfassers nach der Anzahl der Abzüge, so bleibt die Herstellung der Ersatzabzüge außer Betracht.

5. Hat der Verleger den Untergang verschuldet, so kann der Verfasser die erneute Herstellung der Abzüge gemäß § 249 BGB. fordern, sofern nicht die Herstellung nur mit unverhältnismäßigen Aufwendungen möglich ist (§ 251 Abs. 2 BGB.). Ist in diesem Falle der Verleger mit der erneuten Herstellung im Verzuge, so kann der Verfasser nach Maßgabe der §§ 30, 32 vom Vertrage zurücktreten. Beruht der Untergang auf einem Umstande, den der Verleger nicht zu vertreten hat, so stehen dem Verfasser weder die Rechte aus §§ 30, 22 noch aus § 326 BGB. zu; dagegen wird man ihm in analoger Anwendung des § 17 das Recht zubilligen müssen, dem Verleger eine angemessene Frist zur Herstellung der Abzüge zu stellen; nach fruchtlosem Ablaufe der Frist wird anzunehmen sein, daß der Verleger von dem Rechte des § 7 keinen Gebrauch machen will.

6. Die vorherige Anzeige an den Verfasser ist zwar vom Gesetze vorgeschrieben, aber nicht als Bedingung für die Ausübung des dem Verleger eingeräumten Rechtes anzusehen. Eine rechtswidrige Vervielfältigung und Verbreitung im Sinne des § 36 UG. liegt somit nicht vor, wenn der Verleger die zum Ersatze bestimmten Abzüge ohne vorherige Anzeige an den Verfasser herstellen läßt und verbreitet. Doch macht die Unterlassung der Anzeige den Verleger schadenersatzpflichtig.

§ 8[1].

In dem Umfang[2], in welchem der Verfasser nach den §§ 2 bis 7 verpflichtet ist, sich der Vervielfältigung und Verbreitung zu enthalten und sie dem Verleger zu gestatten, hat er, soweit nicht aus dem Vertrage sich ein anderes ergibt[3], dem Verleger das ausschließliche[4] Recht zur Vervielfältigung und Verbreitung (Verlagsrecht) zu verschaffen[5][6].

1. Der Verlagsvertrag schafft an sich Rechte und Pflichten nur zwischen Verfasser und Verleger: das dem Verfasser zustehende Urheberrecht verbleibt ihm ausschließlich. Der Verlagsvertrag bezweckt aber, dem Verleger die wirtschaftliche Ausnutzung des Werkes zu ermöglichen; dieser Zweck wird nicht oder doch nur mangelhaft erreicht, wenn der Verleger nicht selbst das Recht erlangt, sich störender Eingriffe Dritter zu erwehren. Um dies zu ermöglichen, schafft das Gesetz ein vom Urheberrecht verschiedenes, aber mit ihm im innigen Zusammenhange stehendes „Verlagsrecht". Das Verlagsrecht ist nicht ein Teil des Urheberrechtes; dies verbleibt dem Verfasser, der an seiner Ausübung nur so viel und so lange gehindert ist, als ihn der Verlagsvertrag bindet; insbesondere verbleibt dem Verfasser das Recht auf Ver-

folgung des Nachdrucks, auch wenn durch die Entstehung des Verlagsrechtes der Verleger das gleiche Recht erlangt. Anderseits beruht das Verlagsrecht auf dem Urheberrecht; steht dem Verfasser das Urheberrecht nicht zu, so erwirbt auch der Verleger nicht das Verlagsrecht; erlischt das Urheberrecht, so endigt damit gleichzeitig das Verlagsrecht, auch wenn der Verlagsvertrag darüber hinaus Gültigkeit behält. Befugnisse, die dem Verfasser nicht kraft des Urheberrechtes zustehen, können nicht Inhalt des Verlagsrechtes sein.

2. Das Verlagsrecht entsteht nur in dem im § 8 bestimmten Umfange; es findet seine Grenzen:

a) in der dem Verfasser gemäß §§ 2 und 3 verbleibenden Befugnis, das Werk selbst zu vervielfältigen und zu verbreiten; daher kann der Verleger z. B. eine Übersetzung in einer anderen Sprache auch dann nicht verfolgen, wenn sie ohne Einwilligung des Verfassers erschienen ist;

b) in den §§ 4 bis 7 dem Verleger aufgelegten Beschränkungen des Rechtes zur Vervielfältigung und Verbreitung; daher endet z. B. das Verlagsrecht mit dem Zeitpunkt, in dem die gestatteten Auflagen erschöpft oder sämtliche Abzüge untergegangen sind, und der Verleger auf eine neue Herstellung verzichtet hat.

Da das Gesetz den Umfang des Verlagsrechtes durch Bezugnahme auf die §§ 2 bis 7 umschreibt, so kann es dadurch, daß der Verfasser vertraglich dem Verleger größere Rechte einräumt oder sich mehr Beschränkungen auferlegt, als das Gesetz besagt, nicht erweitert werden. Darf z. B. der Verfasser nach dem Vertrage sein Werk nicht in eine andere Mundart übersetzen, so hat darum der Verleger noch nicht das Recht erlangt, derartige Übertragungen Dritten zu untersagen. Dies folgt auch schon daraus, daß ihm die Vervielfältigung und Verbreitung in diesem Umfange nicht zusteht.

3. Die nach § 8 dem Verfasser obliegende Verpflichtung kommt nur dann in Wegfall, wenn der Vertrag ergibt, daß mit der Überlassung des Werkes die Verschaffung des Verlagsrechtes nicht verbunden sein soll, insbesondere also, wenn nach der Absicht der Parteien Gegenstand des Vertrages ein Werk sein soll, an dem ein Urheberrecht überhaupt nicht besteht (§ 39). Im übrigen wird durch den Umstand, daß an dem in Verlag gegebenen Werke ein Urheberrecht nicht besteht oder daß das Urheberrecht einem anderen als dem Verfasser zusteht, die Verpflichtung des letzteren zur Verschaffung des Verlagsrechtes nicht beseitigt; erfüllt der Verfasser diese Verpflichtung nicht, so bestimmen sich die Rechte des Verlegers nach §§ 320—327 BGB. Der Verleger kann demzufolge die ihm obliegende Leistung bis zur Verschaffung des Verlagsrechtes verweigern (§ 320 BGB.); er kann, wenn die Verschaffung des Verlagsrechtes infolge eines vom Verfasser zu vertretenden Umstandes unmöglich wird, Schadenersatz wegen Nichterfüllung verlangen oder vom Vertrage zurücktreten und er kann, wenn der Verfasser mit der Verschaffung des Verlagsrechtes im Verzug ist, für diese Leistung eine angemessene Frist mit der Erklärung bestimmen, daß er nach dem Ablaufe der Frist die Annahme der Leistung ablehne. Der Vertrag kann auch bestimmen, daß das Verlagsrecht nur beschränkt, also etwa räumlich begrenzt entstehen solle.

4. Die Verschaffung eines ausschließlichen Rechtes stellt die dingliche Seite des Verlagsvertrages dar. So lange das Verlagsrecht nicht entstanden ist, steht dem Verleger nur der aus § 1 sich ergebende persönliche Anspruch gegen den Verfasser auf Überlassung des Werkes, und zwar in dem aus §§ 2—7 ersichtlichen Umfange, zu. Gelangt das dem Verfasser zustehende Urheberrecht durch Sondernachfolge (§ 8 Abs. 3 UG.) oder durch Zwangsvollstreckung (§ 10 UG.) an einen Dritten, so ist diesem gegenüber der Verleger zur Ver-

vielfältigung und Verbreitung des Werkes nicht berechtigt; einen dinglichen Rechtsschutz erlangt der Verleger erst dadurch, daß in seiner Person das als Verlagsrecht bezeichnete ausschließliche Recht entsteht.

5. Eine ausdrückliche Vereinbarung, daß das Verlagsrecht entstehen solle, ist nicht erforderlich. Das Verlagsrecht entsteht, sofern das Urheberrecht dem Verfasser zusteht, durch den Abschluß des Verlagsvertrages. Da der Verfasser nur das Verlagsrecht zu beschaffen hat, so kann der Verleger von ihm nicht verlangen, daß er gegen Verletzungen des Urheber- oder Verlagsrechtes einschreite; es bleibt vielmehr dem Verleger überlassen, ob und wie er sein Verlagsrecht schützen will.

6. Selbst wenn die Annahme zutreffend wäre, daß vermöge der Ableitung des Verlagsrechtes aus dem Urheberrechte mit der Verschaffung des Verlagsrechtes eine Veräußerung gewisser Bestandteile des Urheberrechtes vollzogen wird, würde diese Veräußerung doch nur die Bedeutung einer Einzelfunktion des Verlagsvertrages haben, und daher ist der Verlagsvertrag als ein Veräußerungsgeschäft im Sinne der Tarifstelle 32 des Preuß. Stempelsteuergesetzes vom 30. Juni 1909 nicht anzusehen; vielmehr unterliegt die über den Verlagsvertrag errichtete Urkunde, gleichviel ob der Verleger dem Verfasser eine Vergütung zu gewähren hat oder nicht, nach Preuß. Rechte nur dem allgemeinen Vertragsstempel von 3 Mark.

§ 9.

Das Verlagsrecht entsteht mit der Ablieferung des Werkes an den Verleger[1][2]) und erlischt mit der Beendigung des Vertragsverhältnisses[3]).

Soweit der Schutz des Verlagsrechts es erfordert[4]), kann der Verleger gegen den Verfasser[5])[6])

sowie gegen Dritte[7]) die Befugnisse ausüben, die zum Schutze des Urheberrechts durch das Gesetz vorgesehen sind[8]).

1. Der persönliche Anspruch des Verlegers gegen den Verfasser auf Überlassung des Werkes (§ 1) und auf Verschaffung des Verlagsrechtes (§ 8) entsteht durch den Abschluß des Verlagsvertrages. Dagegen ist die Entstehung des Verlagsrechtes an die Ablieferung des Werkes geknüpft. Daß „Werk" im Sinne des § 9 die Handschrift oder Zeichnung ist, in welcher sich die literarische oder musikalische Schöpfung verkörpert, darüber vgl. § 1 Anm. 6. Als Ablieferung ist — in Anlehnung an die für § 377 HGB. maßgebende Auffassung — derjenige Akt anzusehen, durch welchen der Verfasser den Verleger in die Lage setzt, tatsächlich ohne jede Tätigkeit des Verfassers über das Werk zu verfügen. Vgl. RG. i. Zivils. 5 S. 28. Erfolgt die Ablieferung des Werkes in Teilen, so entsteht nicht etwa mit der Ablieferung des ersten Teiles das Verlagsrecht für das ganze Werk; das Verlagsrecht erstreckt sich vielmehr in jedem Augenblicke nicht weiter als auf die abgelieferten Teile.

2. Hat der Verfasser über dasselbe Werk zwei einander widersprechende Verlagsverträge abgeschlossen, so haben beide Verleger Anspruch auf Überlassung des Verlagsrechtes. Da das Verlagsrecht nach § 8 ein ausschließliches Recht ist, so kann es nur einmal entstehen, und zwar entsteht es für denjenigen, an den das Werk zuerst abgeliefert wird, auch wenn der mit ihm abgeschlossene Verlagsvertrag der jüngere ist. Einen Schutz hiergegen bietet nur die vertragliche Vereinbarung, daß das Verlagsrecht mit dem Vertragsschlusse entstehen solle. Diese Vereinbarung ist, da auch § 9 nur dispositives Recht enthält, zulässig.

3. Das einmal entstandene Verlagsrecht geht nicht dadurch unter, daß das Werk dem Verleger abhanden

kommt oder dem Verfasser zu vorübergehender Benutzung, sei es behufs Vornahme von Änderungen sei es zur Durchsicht des Korrekturabzuges, zurückgegeben wird; wenn aber die Zurückgabe erfolgt, weil das Werk nicht von vertragsmäßiger Beschaffenheit ist, so erscheint die Annahme, daß das Verlagsrecht fortdauere, ausgeschlossen; die Rückgabe beweist in solchem Falle, daß der Verleger das Verlagsrecht in diesem Falle nicht erwerben will. Im übrigen erlischt das Verlagsrecht erst mit der Beendigung des durch den Verlagsvertrag begründeten Rechtsverhältnisses, die entweder nach Maßgabe der §§ 17, 29—33, 35, 36 oder durch Aufhebung des Verlagsvertrages eintritt. Dagegen ist das Verlagsrecht in seinem Bestande von der Fortdauer des Urheberrechtes abhängig. Endigt der Schutz des Urheberrechtes (§§ 29 ff. UG.) vor der Beendigung des Vertragsverhältnisses, so erlischt selbstverständlich auch die mit dem Verlagsrechte verbundene ausschließliche Befugnis zur Vervielfältigung und Verbreitung des Werkes. In keinem Falle bedarf es eines besonderen rechtsgeschäftlichen Aktes, um die im Verlagsrecht enthaltenen Befugnisse auf den Verfasser zurückzuübertragen. Der absolute Charakter des Urheberrechtes bewirkt, daß mit dem Aufhören des Vertragsverhältnisses die dadurch entstandenen Beschränkungen ohne weiteres in Fortfall kommen.

4. Der Schutz des Verlagsrechtes erstreckt sich soweit, wie der Verfasser der Vervielfältigung und Verbreitung sich zu enthalten verpflichtet ist, d. h. weiter als die dem Verleger zustehende Befugnis zur Vervielfältigung und Verbreitung. Vgl. § 8 Anm. 2. Da das Verlagsrecht nur die Befugnis zur Vervielfältigung und Verbreitung umfaßt, nicht aber auch die Befugnis z. B. zur öffentlichen Mitteilung des Inhalts oder zur Aufführung, so steht dem Verleger ein Schutz hiergegen nicht zu.

5. Auch gegen den Verfasser kann der Verleger die zum Schutze des Urheberrechtes vorgesehenen Be-

fugnisse nur ausüben, wenn ihm das Verlagsrecht verschafft worden ist. Bestand an dem in Verlag gegebenen Werke kein Urheberrecht, so ist der Verleger gegen die anderweitige Vervielfältigung und Verbreitung seitens des Verfassers nur für die Dauer von 6 Monaten nach der Veröffentlichung des Werkes geschützt (§ 39 Abs. 3), und auch während dieser Frist kommen nicht die besonderen Vorschriften über den Schutz des Urheberrechts zur Anwendung; vielmehr kann der Verleger nur Vertragserfüllung und Schadenersatz wegen Nichterfüllung nach Maßgabe der allgemeinen Normen des bürgerlichen Rechtes fordern. Diese aus dem Vertrage fließenden Rechte kann der Verleger auch dann geltend machen, wenn ihm das Verlagsrecht zusteht. RG. i. Zivils. 12 S. 108.

6. Da das Verlagsrecht auf dem Urheberrecht beruht, so gibt es dem Verleger keine Handhabe, das Erscheinen eines vom Verfasser herrührenden Konkurrenzwerkes zu untersagen, sofern der § 2 nicht verletzt ist. Eine solche Klage kann nur auf den Vertrag gestützt sein, wird aber auch dann zulässig sein, wenn er eine besondere Bestimmung hierüber nicht enthält, das Erscheinen des Konkurrenzwerkes aber die Möglichkeit des Absatzes unmöglich macht oder doch wesentlich zu verringern geeignet ist; es folgt dies aus dem Grundsatze von Treu und Glauben, auf der der Verlagsvertrag aufgebaut ist (vgl. § 1 Anm. 10).

7. Der Schutz gegen Dritte beruht nicht auf dem obligatorischen Inhalte des Verlagsvertrages sondern auf der dinglichen Natur des Verlagsrechtes (§ 8).

8. Der Schutz des Urhebers gegen Rechtsverletzung besteht in dem Anspruch auf Schadenersatz (§ 36 UG.), in der Befugnis, die Strafverfolgung sowie die Verhängung einer Buße zu beantragen (§§ 38—41, 44, 45 UG.) und in dem Anspruch auf Vernichtung der widerrechtlich hergestellten oder verbreiteten Exemplare sowie der zur widerrechtlichen Vervielfältigung bestimmten Vor-

richtungen (§§ 42, 43, 46—48 UG.) mit dem Ablaufe der Schutzfrist (§§ 29 ff. UG.) erlöschen auch die Befugnisse, welche der Verleger vermöge des Verlagsrechtes dritten Personen gegenüber hat.

§ 10.

Der Verfasser ist verpflichtet[1]), dem Verleger das Werk in einem für die Vervielfältigung[2]) geeigneten Zustand[3])[4]) abzuliefern[5])[6]).

1. Die hiermit dem Verfasser auferlegte Verbindlichkeit folgt aus der ihm nach § 1 obliegenden Verpflichtung, das Werk dem Verleger zur Vervielfältigung zu überlassen.

2. Vervielfältigen läßt sich nur das durch eine Niederschrift wiedergegebene Werk. Diese als Mittel der Vervielfältigung dienende Niederschrift hat der Verfasser herzustellen oder auf seine Kosten herstellen zu lassen. Der Verleger ist nicht verpflichtet, Hilfskräfte zu stellen, welchen der Verfasser das Werk in die Feder diktieren kann.

3. In diesem Zustande befindet sich das Werk (vgl. § 1 Anm. 6), wenn auf Grund der Niederschrift die Vervielfältigung ohne besondere Schwierigkeiten möglich ist; insbesondere muß also das Manuskript einigermaßen deutlich geschrieben sein, so daß die Vervielfältigung besondere Anforderungen an die Findigkeit der Setzer nicht stellt. Ob der äußere Zustand, in welchem das Werk abgeliefert wird, der gesetzlichen Anforderung entspricht, ist im einzelnen Falle unter Berücksichtigung der Verkehrssitte zu entscheiden. Lag das Werk bei Abschluß des Verlagsvertrages bereits vor und war es dem Verleger bekannt, so wird er im Zweifel den Zustand nicht rügen können.

4. § 10 bezieht sich nur auf den äußeren Zustand des Werkes; glaubt der Verleger, daß die innere Beschaffenheit des Werkes ihn zu Beanstandungen berechtigt, so kann er nicht selbst Änderungen vornehmen (§ 13), sondern kann nur gemäß § 31 verfahren.

5. Entspricht der äußere Zustand des Werkes nicht der Bestimmung des § 10, so kommt § 31 zur Anwendung; doch wird der Verleger, wenn der Verfasser mit der Beseitigung der Mängel im Verzuge ist, sie auf Kosten des Verfassers beseitigen lassen dürfen.

6. Wo die Ablieferung stattzufinden hat, bestimmt das Gesetz nicht; es kommt daher § 269 BGB. zur Anwendung, wonach zunächst die Vereinbarung und sodann die besonderen Umstände entscheiden; äußerstenfalls hat die Ablieferung an dem Orte stattzufinden, an dem der Schuldner zur Zeit des Vertragsschlusses seinen Wohnsitz hatte. Im allgemeinen wird man beim Schweigen des Vertrages aus der Natur des Verlagsvertrages folgern müssen, daß die Ablieferung am Wohnsitze des Verlegers zur Zeit des Vertragsschlusses zu erfolgen hat.

§ 11.

Ist der Verlagsvertrag über ein bereits vollendetes Werk geschlossen, so ist das Werk sofort abzuliefern[1]).

Soll das Werk erst nach dem Abschlusse des Verlagsvertrags hergestellt werden, so richtet sich die Frist der Ablieferung nach dem Zwecke, welchem das Werk dienen soll[2]). Soweit sich hieraus nichts ergibt, richtet sich die Frist[3]) nach dem Zeitraum, innerhalb dessen der Verfasser das Werk bei einer seinen Verhältnissen[4]) entsprechenden Arbeitsleistung herstellen kann; eine anderweitige Tätigkeit des

Verfassers[5]) bleibt bei der Bemessung der Frist nur dann außer Betracht, wenn der Verleger die Tätigkeit bei dem Abschlusse des Vertrags weder kannte noch kennen mußte[6])[7])[8]).

1. Abs. 1 entspricht dem allgemeinen Grundsatze des § 271 Abs. 1 BGB. Es kommt nicht darauf an, ob das Werk tatsächlich vollendet war, sondern darauf, ob der Verfasser zum Ausdruck gebracht hat, daß er es für vollendet halte. Aber auch dann wird dem Verfasser eine mäßige Frist zu etwaigen Ergänzungen und Änderungen in der Regel nicht versagt werden können.

2. Steht der Zweck, welchem das Werk dienen soll, nach der Ansicht, die Verfasser und Verleger beim Vertragsschlusse hatten, fest, so kommt es nicht darauf an, ob die dem Verfasser zugemutete Arbeitsleistung mit Rücksicht auf seine Berufsstellung oder anderweitige literarische Tätigkeit seine Kräfte über Gebühr in Anspruch nimmt; der Verfasser, welcher die Herstellung des Werkes übernommen hat und dessen Zweck kennt, muß die hieraus sich ergebende Frist der Ablieferung einhalten. Anderseits braucht der Verfasser das Werk auch dann nicht früher abzuliefern, wenn er dazu an sich in der Lage wäre.

3. Die Frist ist, falls die Parteien sich nicht einigen können, vom Richter zu bestimmen; in der Regel wird die Feststellungsklage (§ 256 ZPO.) zur Bestimmung der Frist gegeben sein.

4. Es kommt nicht nur auf die Verhältnisse zur Zeit des Vertragsschlusses an, vielmehr ist der ganze Zeitraum bis zur Ablieferung des Werkes zu berücksichtigen, sofern eine eintretende Änderung des Verhältnisses nicht auf dem freien Entschlusse des Verfassers beruht.

5. Ob der Verleger aus dem Schweigen des Verfassers entnehmen darf, daß dieser anderweit nicht in Anspruch genommen ist, hängt von den Umständen des

einzelnen Falles ab; die Annahme, der Verleger dürfe aus dem Schweigen des Verfassers schließen, daß dieser nicht durch andere Arbeiten in Anspruch genommen werde (Begr. S. 68), erscheint in dieser Allgemeinheit nicht zutreffend. Jedenfalls trifft die Beweislast dafür, daß er die sonstige Tätigkeit des Verfassers weder kannte noch kennen mußte, den Verleger, und ein Verzug des Verfassers liegt nicht vor, so lange die Ablieferung des Werkes infolge eines von ihm nicht zu vertretenden Umstandes verzögert wird. § 285 BGB.

6. Ist die Frist, innerhalb welcher die Ablieferung zu erfolgen hat, im Vertrage bestimmt, so kommt Abs. 2 nicht zur Anwendung; insbesondere ist daher in diesem Falle die Berücksichtigung der anderweitigen Tätigkeit des Verfassers ausgeschlossen. Dagegen kommen auch hier, wenn der Verfasser durch Umstände, die er nicht zu vertreten hat, an der rechtzeitigen Vollendung des Werkes gehindert wird, die Grundsätze des § 30 in Verbindung mit §§ 275, 285, 323 BGB. zur Anwendung.

7. Titel, Vorwort und Register werden regelmäßig zuletzt gedruckt und pflegen daher erst abgeliefert zu werden, nachdem das Werk im übrigen vervielfältigt ist. Die Anfertigung des Registers ist vorher gar nicht möglich. Dieser Unmöglichkeit und der hierauf beruhenden Verkehrssitte ist bei Anwendung des § 11 Rechnung zu tragen.

8. „Kennen mußte", d. h.: „wenn der Verleger die Tätigkeit infolge von Fahrlässigkeit nicht kannte" (§ 122 Abs. 2 BGB.).

§ 12.

Bis zur Beendigung der Vervielfältigung[1]) darf der Verfasser Änderungen an dem Werke vornehmen. Vor der Veranstaltung einer neuen Auflage[2]) hat der Verleger dem Verfasser zur Vor-

nahme von Änderungen Gelegenheit[3]) zu geben. Änderungen sind nur insoweit[4]) zulässig, als nicht durch sie ein berechtigtes Interesse des Verlegers verletzt wird[5]).

Der Verfasser darf die Änderungen durch einen Dritten[6]) vornehmen lassen.

Nimmt der Verfasser nach dem Beginne der Vervielfältigung[7]) Änderungen vor, welche das übliche Maß übersteigen[8]), so ist er verpflichtet, die hieraus entstehenden Kosten[9]) zu ersetzen; die Ersatzpflicht liegt ihm nicht ob, wenn Umstände, die inzwischen[10]) eingetreten sind, die Änderung rechtfertigen[11]).

1. § 12 regelt die Frage, ob und inwieweit der Verfasser Änderungen an dem Werke vornehmen darf. Bildet ein erst herzustellendes Werk den Gegenstand des Verlagsvertrages, so würde auch nach den allgemeinen Grundsätzen des bürgerlichen Rechtes bis zur Ablieferung des Werkes der Verfasser zu solchen Änderungen befugt sein, welche die vertragsmäßige Beschaffenheit des Werkes nicht beeinträchtigen. Dem Verfasser sind indes, der herrschenden Übung und dem praktischen Bedürfnisse entsprechend, weitergehende Befugnisse zu gewähren, und daher erkennt § 12 Abs. 1 Satz 1 das Recht des Verfassers auf Vornahme von Änderungen grundsätzlich bis zur Beendigung der Vervielfältigung des ganzen Werkes oder des zur gesonderten Herausgabe bestimmten Teiles an; sobald dagegen die Vervielfältigung abgeschlossen ist, darf der Verfasser einseitig Änderungen nicht vornehmen, selbst wenn er sich erbietet, die hieraus entstehenden Kosten zu tragen; das vervielfältigte Werk darf der Verleger verbreiten, ohne daß

dem Verfasser das Recht zu Berichtigungen oder Ergänzungen zusteht. Auch wird der Änderung in einem vollständig ausgedruckten Bogen meist Satz 3 entgegenstehen.

2. D. i. jeder neuen Auflage. KomBer. S. 26. Über den Begriff der Auflage siehe Anm. 1 zu § 5. Die erste Auflage kommt hier nicht in Betracht, da das Manuskript für diese nach § 10 in druckfertigem Zustand abzuliefern ist.

3. Eine Verpflichtung zur Vornahme von Änderungen liegt dem Verfasser selbst bei einem wissenschaftlichen Werke nicht ob, dessen neue Auflage, wenn sie in unveränderter Gestalt erschiene, vielleicht veraltet sein würde. Wenn aber das Gesetz in solchem Falle dem Verleger nicht gestattet, einen Zwang gegen den Verfasser auszuüben, so wird in der Regel der Verfasser aus eigenem Antriebe die gebotenen Änderungen vornehmen, um die neue Auflage mit dem zeitigen Stande der Wissenschaft in Einklang zu bringen. Der Verfasser muß in analoger Anwendung des § 20 die Änderungen „binnen einer angemessenen Frist" vornehmen.

4. Die Fassung ergibt, daß es sich um eine Einschränkung des in Satz 1 dem Verfasser eingeräumten Rechtes zu Berichtigungen und Ergänzungen handelt. Eine weitere Einschränkung als die in Abs. 1 Satz 3 ausgesprochene kennt das Gesetz nicht; Abs. 3 regelt nur die Kostenfrage.

5. Eine Verletzung des berechtigten Interesses des Verlegers wird nicht nur dann anzunehmen sein, wenn das Werk durch die vom Verfasser gewünschten Änderungen die vertragsmäßige Beschaffenheit verliert, sondern auch dann, wenn durch die Berücksichtigung der gewünschten Änderungen der in Aussicht genommene Zeitpunkt des Erscheinens soweit hinausgerückt werden würde, daß der Absatz des Werkes gefährdet erscheint. Hat der Verleger das Werk bereits unter dem vom Verfasser gewählten

oder mit ihm vereinbarten Titels angezeigt, so wird eine Änderung des Titels in der Regel sein berechtigtes Interesse verletzen und daher unzulässig sein.

Im übrigen kommt der Umfang der Änderungen nur für die Frage in Betracht, ob und inwieweit der Verfasser die erwachsenden Kosten zu ersetzen hat. Änderungen, die nach Satz 3 unzulässig sind, braucht der Verleger nicht zu berücksichtigen; er kann die Vervielfältigung und Verbreitung in der ungeänderten Fassung vornehmen. Die Bestimmung des Satz 3 findet auf beide vorhergehende Sätze Anwendung.

6. Die Rechte des § 12 stehen demjenigen zu, welcher mit dem Verleger den Vertrag abgeschlossen hat, auch wenn er nicht der Verfasser ist (§ 48). Wie aber der Verfasser sich bei Herstellung des Werkes der Beihilfe eines Dritten bedienen kann, so darf der Verleger Änderungen, welche an dem fertigen Werke vorgenommen sind, nicht zurückweisen, weil der Verfasser sie durch einen Dritten hat ausführen lassen. Selbstverständlich findet auch in diesem Falle die in Absatz 1 Satz 3 enthaltene Vorschrift Anwendung. Aus Absatz 2 folgt, daß auch die Erben und sonstigen Rechtsnachfolger des Verfassers zur Vornahme der Änderungen befugt sind.

7. Vor dem Beginne der Vervielfältigung entstehen durch Änderungen, welche der Verfasser an dem Werke vornimmt, in der Regel keine besonderen Kosten. Die Kostenfrage wird erst von Bedeutung, wenn die Vervielfältigung, d. i. die auf Herstellung der zur Verbreitung bestimmten Exemplare gerichtete Tätigkeit, bereits begonnen hat.

8. Durch Abs. 3 wird die Ersatzpflicht des Verfassers auf solche Änderungen beschränkt, welche über das übliche Maß hinausgehen; die kleinen Korrekturen, welche nicht neue Umbrechungen zur Folge haben, sondern nur in der Änderung einzelner Satzteile, Wörter oder Interpunktionen bestehen, dürfen

somit dem Verfasser nicht angerechnet werden. Als über das übliche Maß hinausgehend sind Änderungen namentlich dann zu erachten, wenn sie erkennen lassen, daß das vom Verfasser abgelieferte Manuskript, dessen Vervielfältigung begonnen hat, noch nicht druckreif war.

9. Die Ersatzpflicht des Verfassers erstreckt sich nicht auf die gesamten Kosten, welche durch die das übliche Maß übersteigenden Änderungen verursacht werden; die Kosten sind von dem Verfasser nur insoweit zu tragen, als sie die dem Verleger zur Last fallenden Kosten der üblichen Änderungen übersteigen. Diese Beschränkung der Ersatzpflicht ergibt sich aus den Worten „hieraus entstehenden". Dagegen ist die Ersatzpflicht des Verfassers nicht etwa auf den Betrag der vereinbarten Vergütung beschränkt.

10. D. h. nach dem Beginn der Vervielfältigung.

11. Bei wissenschaftlichen Werken wird hiernach die Ersatzpflicht des Verfassers ausgeschlossen sein, wenn vor Beendigung der Vervielfältigung andere Schriften erscheinen, deren Inhalt der Verfasser in seinem Werke berücksichtigen zu müssen glaubt. Verwirft dagegen der Verfasser auf Grund nochmaliger Prüfung eine in dem abgelieferten Werke ausgesprochene Ansicht, so ist die hierdurch bedingte Änderung nicht als solche zu erachten, welche durch inzwischen eingetretene Umstände gerechtfertigt wird. In jedem Falle trifft die Beweislast den Verfasser welcher seine Verpflichtung in Abrede stellt. Die Ersatzpflicht des Verfassers muß selbstverständlich auch dann als ausgeschlossen gelten, wenn es sich um eine vom Verleger gewünschte Änderung handelt, zu welcher der Verfasser seine Einwilligung erteilt hat.

§ 13.

Der Verleger[1]) darf an dem Werke selbst[2]), an dessen Titel und an der Bezeichnung des Urhebers[3])

Zusätze, Kürzungen oder sonstige Änderungen[4]) nicht vornehmen[5]).

Zulässig[6]) sind Änderungen, für die der Verfasser seine Einwilligung nach Treu und Glauben nicht versagen kann[7]).

1. Da durch das dem Verleger eingeräumte Recht der Vervielfältigung und Verbreitung des Werkes das persönliche Interesse des Urhebers an dem Werke nicht erlischt, so ist dem Verleger die Befugnis, das Werk eigenmächtig abzuändern, grundsätzlich versagt. Dies ist im § 9 Abs. 1 UG. für jegliche Übertragung des Urheberrechtes festgestellt. Für das Gebiet des Verlagsrechtes bedurfte es der besonderen Regelung, da der Verlagsvertrag keine Übertragung des Urheberrechtes enthält; es ist dem Verfasser der Anspruch gegeben, daß sein Werk einschließlich des Titels und der Vorrede, genau so, wie er es abgeliefert hat, vervielfältigt und verbreitet werde. Dieser Rechtssatz gilt auch mit Bezug auf Beiträge für eine Zeitung, eine Zeitschrift oder ein sonstiges periodisches Sammelwerk (§ 41). Eine Abweichung enthält § 44 nur hinsichtlich solcher Beiträge, welche ohne den Namen des Verfassers erscheinen. Das RG. sieht in diesem Rechte des Verfassers fälschlich ein Vermögensrecht (JurWoch. 1904 S. 391 Nr. 20).

2. Gleichviel, ob es sich um eine selbständige Schöpfung des Verfassers, um eine Übersetzung oder um eine sonstige Bearbeitung, um ein Werk der Literatur oder um ein Werk der Tonkunst handelt.

3. Der Schutz des Verfassers gegen willkürliche Änderungen reicht somit weiter als das Urheberrecht; er erstreckt sich nicht nur auf das Werk selbst, sondern auch auf dessen Titel einschließlich der Bezeichnung des Urhebers. Vgl. RG. i. Zivils. 18 S. 17.

4. Selbst unwesentliche Änderungen sind dem Verleger nicht gestattet.

5. Die Zuwiderhandlung gegen das Verbot des § 13 berechtigt den Verfasser nicht nur, Beseitigung der widerrechtlichen Änderungen durch Neudruck der von den Änderungen betroffenen Teile, sondern auch die Bestrafung des Verlegers gemäß § 38 Abs. 2 und 3 UG. zu verlangen. Die Strafandrohung richtet sich auch gegen den Sortimentsbuchhändler, welcher an den ihm überlassenen Exemplaren des Werkes eigenmächtig Änderungen vornimmt. Vgl. RG. i. Zivils. 18 S. 18.

6. Soweit der Verfasser in die vom Verleger angeregten Änderungen einwilligt, liegt eine vom Verleger vorgenommene Änderung im Sinne des § 13 Abs. 1 nicht vor; die Zulässigkeit einer solchen Änderung brauchte das Gesetz nicht auszusprechen. Die Einwilligung kann schon im voraus allgemein, sei es für Änderungen jeder Art oder für gewisse Änderungen, erteilt werden; sie kann ausdrücklich oder stillschweigend, z. B. durch vorbehaltslose Rücksendung der Korrekturbogen oder im Falle des § 20 Abs. 2 erklärt werden.

7. Abs. 2 bekräftigt nur eine Schlußfolgerung, welche sich ohnehin aus § 157 BGB. ergeben würde. Als Änderungen, welche der Verleger hiernach vornehmen kann, ohne sich vorher mit dem Verfasser ins Einvernehmen zu setzen, bezeichnet die Begr. (S. 69) die Verbesserung unzweifelhafter Schreib- und Stichfehler. Ob der Verleger berechtigt ist, ohne Einwilligung des Verfassers eine andere Rechtschreibung zugrunde zu legen, hängt von den besonderen Umständen des einzelnen Falles ab. Bei Beiträgen für eine in kurzen Zwischenräumen erscheinende Zeitung ist es vielfach üblich, daß der Redakteur, ohne den Verfasser zu befragen, an dem Beitrage Kürzungen oder solche Änderungen vornimmt, welche durch die politische Haltung oder die sonstige Richtung der Zeitung bedingt werden; insoweit sich diese Gepflogenheit zu einer über den Kreis der einzelnen Zeitung hinausgehenden Verkehrssitte gestaltet hat, findet

auf die vom Redakteur vorgenommenen Änderungen Abs. 2. Anwendung. Insbesondere darf auch der Verleger seinen Namen oder seine Firma auf dem Titelblatt angeben, ohne daß der Verfasser dagegen ein Widerspruchsrecht hat.

§ 14[1]).

Der Verleger ist verpflichtet, das Werk in der zweckentsprechenden und üblichen Weise[2]) zu vervielfältigen und zu verbreiten[3]). Die Form und Ausstattung der Abzüge[4]) wird unter Beobachtung der im Verlagshandel herrschenden Übung sowie mit Rücksicht auf Zweck und Inhalt des Werkes[5]) von dem Verleger bestimmt[6]).

1. Mit § 14 beginnen die besonderen Vorschriften über die Pflichten, welche der Verleger hinsichtlich der Vervielfältigung und Verbreitung zu erfüllen hat (§§ 14—16).

2. Entspricht die Übung nicht dem Zweck, etwa weil sie mißbräuchlich ist, so muß es dabei bewenden, daß der Verleger das Werk in einer seinem Zwecke entsprechenden Weise vervielfältigt und verbreitet. Dasselbe gilt, wenn eine Übung nicht feststeht. Die Übung ist bei den einzelnen Gattungen der Werke, welche Gegenstand eines Verlagsvertrages sein können, verschieden; im Buchverlage wird das Werk auf mechanischem Wege durch Druck vervielfältigt; bei Orchesterpartituren wird die Vervielfältigung zuweilen nur durch Abschreiben bewirkt. Soweit für Werke gewisser Art die Verbreitung im Wege des Kolportagehandels oder durch Warenhäuser üblich geworden ist, kann der Verfasser keinen Einspruch erheben, wenn der Verleger diesen Weg der Verbreitung wählt; dagegen kann der Verleger — schon mit Rücksicht auf § 21 Satz 2 — die Abzüge nur dann verramschen,

wenn der weitere Absatz zum ordnungsmäßigen Preise nicht mehr als möglich erscheint. Erscheint ein weiterer Absatz ausgeschlossen, so endigt die Pflicht des Verlegers zur Vervielfältigung und Verbreitung; vorhandene Bestände kann er dann makulieren, vgl. hierzu auch § 226 BGB. Die Verpflichtung des Verlegers zur ordnungsmäßigen Verbreitung zwingt ihn, Reklame für das Werk zu machen und Besprechungen zu veranlassen, soweit dies üblich ist. Vertreiben die Sortimenter das Werk nicht ordnungsmäßig, so haftet der Verleger dafür nur, wenn ihn ein Verschulden dabei trifft.

3. Die Aufnahme eines Konkurrenzwerkes in den Verlag wird nicht ohne weiteres einen Verstoß gegen § 14 darstellen; wenn es sich aber lediglich an denselben Leserkreis wendet und geeignet ist, dem Absatz erheblichen Abbruch zu tun, so kann die Aufnahme des neuen Werkes als Verstoß gegen die Verpflichtung zur ordnungsmäßigen Verbreitung des ersterschienenen Werkes angesehen werden.

4. Als zur Form und Ausstattung gehörig bezeichnet die Begr. (S. 71) namentlich die Beschaffenheit des Papiers, das Format, den Druck und die zur Ausschmückung der Blätter vielfach üblichen Leisten. Hat der Verfasser nach Kenntnis nicht rechtzeitig Einspruch erhoben, so hat er das Recht hierzu verloren. Den Text des Werkes mit Illustrationen zu versehen, ist der Verleger ohne Einwilligung des Verfassers nicht berechtigt.

5. Die Beschränkungen, welchen das Bestimmungsrecht des Verlegers mit Bezug auf Form und Ausstattung der Abzüge unterliegt, enthalten lediglich eine Anwendung des im § 157 BGB. ausgesprochenen Rechtssatzes. Ist für Werke einer gewissen Gattung die Verwendung eines minderwertigen Papiers üblich, so hat, falls nicht Zweck und Inhalt des Buches diese Übung als eine mißbräuchliche erscheinen lassen, der Verfasser keinen Anspruch darauf, daß der Verleger ein besseres Papier verwendet.

6. Verletzt der Verleger die ihm in diesem Paragraphen obliegenden Verpflichtungen, so liegt nicht ein Verstoß gegen das Urheberrecht, sondern nur gegen den Vertrag vor; es kommt dann § 32 zur Anwendung.

§ 15.

Der Verleger[1]) hat mit der Vervielfältigung zu beginnen, sobald ihm das vollständige Werk zugegangen ist[2]). Erscheint das Werk in Abteilungen[3]), so ist mit der Vervielfältigung zu beginnen, sobald der Verfasser eine Abteilung abgeliefert hat, die nach ordnungsmäßiger Folge zur Herausgabe bestimmt ist[4])[5]).

1. Im § 15 wird nur bestimmt, wann der Verleger mit der Vervielfältigung zu beginnen hat; die Zeit, binnen welcher der Verleger die begonnene Vervielfältigung zu vollenden und das vervielfältigte Werk zu verbreiten hat, ergibt sich aus § 271 BGB.; danach hat er, soweit nicht ein anderes bestimmt ist, die einmal begonnene Vervielfältigung ohne Unterbrechung zu Ende zu führen und nach Beendigung der Vervielfältigung das Werk sofort zu verbreiten. KomBer. S. 23. Er ist aber nicht verpflichtet, sämtliche Abzüge auf einmal herzustellen. Vgl. § 16 Satz 2.

2. Der Verfasser ist also, wie sich aus der Natur der Sache ergibt, vorzuleisten verpflichtet, und zwar in dem Sinne, daß bei stückweiser Ablieferung des Manuskripts der Verleger mit der Vervielfältigung warten darf, bis der Verfasser der ihm nach § 10 obliegenden Verpflichtung genügt, d. h. das ganze Werk abgeliefert hat.

3. D. h. in einzelnen Bänden, Teilen, Heften oder Lieferungen, deren Gesamtheit das in Verlag gegebene Werk darstellt. Nur wenn eine derartige

Herausgabe des Werkes nach Inhalt des Verlagsvertrags vereinbart ist, ist der Verleger verpflichtet, das Werk in Abteilungen erscheinen zu lassen. Über das Verbot, Druckschriften, welche in Lieferungen erscheinen, im Wege des Kolportagehandels zu vertreiben, wenn nicht der Gesamtpreis auf jeder einzelnen Lieferung an einer in die Augen fallenden Stelle verzeichnet ist, siehe § 56 Abs. 2 Ziff. 12 GO.

4. Der Umfang der zur Herausgabe bestimmten einzelnen Abteilungen wird sich, sofern es an näheren Bestimmungen im Vertrage fehlt, in der Regel aus der im Verlagshandel herrschenden Übung ergeben. Hinsichtlich der Verpflichtung des Verlegers, mit der Vervielfältigung zu beginnen und sie zu vollenden, gilt jede Abteilung als *ein Ganzes*.

5. Die Verletzung dieser Bestimmung bildet nur eine Vertrags-, nicht auch eine Urheberrechtsverletzung.

§ 16.

Der Verleger ist verpflichtet, diejenige Zahl von Abzügen herzustellen, welche er nach dem Vertrag oder gemäß dem § 5 herzustellen berechtigt ist[1]). Er hat rechtzeitig dafür zu sorgen, daß der Bestand nicht vergriffen wird[2])[3]).

1. § 16 gibt der Verpflichtung des Verlegers zur Vervielfältigung den näheren Inhalt, und zwar dahin, daß *die Zahl der herzustellenden Abzüge nicht dem Ermessen des Verlegers überlassen wird, sondern sich mit der Zahl derjenigen Abzüge deckt, welche der Verleger herzustellen berechtigt ist.* Diese Zahl ergibt sich entweder aus dem Verlagsvertrag oder aus § 5 Abs. 2.

2. Beim Drucke mit beweglichen Lettern pflegt nach Herstellung der Auflage der Satz wieder auseinanderge-

nommen zu werden, und daher ist es üblich, daß in solchem Falle die zulässigen Abzüge auf einmal hergestellt werden. Werden dagegen Stereotypplatten oder sonstige stehende Vorrichtungen zum Drucke verwendet oder erscheint das Werk, wie das im Musikalienhandel die Regel bildet, nicht in Auflagen, so werden die Abzüge zu verschiedenen Zeiten hergestellt, und in solchem Falle genügt der Verleger der ihm obliegenden Verpflichtung, wenn er bis zur Herstellung der sämtlichen zulässigen Abzüge dafür sorgt, daß der Bestand nicht vergriffen wird. Daraus ergibt sich, daß, wenn die Abzüge nicht auf einmal hergestellt worden sind, die Pflicht des Verlegers zur weiteren Vervielfältigung erlischt, wenn und sobald die Nachfrage nach dem Werke gänzlich aufhört, mag auch der vorhandene Bestand ganz geringfügig sein. Es ist dies eine wesentliche Einschränkung des im § 16 ausgesprochenen Grundsatzes.

3. Erfüllt der Verleger die ihm nach § 16 obliegenden Verpflichtungen nicht, so kommt § 32 zur Anwendung.

§ 17.

Ein Verleger, der das Recht hat, eine neue Auflage zu veranstalten, ist nicht verpflichtet, von diesem Rechte Gebrauch zu machen[1][2][3]. Zur Ausübung des Rechtes kann ihm der Verfasser eine angemessene Frist bestimmen[4]. Nach dem Ablaufe der Frist ist der Verfasser berechtigt, von dem Vertrage zurückzutreten[5], wenn nicht die Veranstaltung rechtzeitig erfolgt ist[6]. Der Bestimmung einer Frist bedarf es nicht, wenn die Veranstaltung von dem Verleger verweigert wird[7].

1. Satz 1 des § 17 enthält eine Einschränkung des im § 16 ausgesprochenen Grundsatzes, und zwar dahin, daß

durch den Abschluß eines Verlagsvertrages **für mehrere Auflagen** der Verleger **nicht verpflichtet** wird, eine neue Auflage zu veranstalten. Die Begr. (S. 73) weist mit Recht darauf hin, daß nicht selten mit **einer** Auflage, auch wenn diese noch vergriffen werde, dem Bedürfnisse genügt sei und keine Aussicht für den Absatz einer neuen Auflage bestehe, zumal, wenn der Verfasser die erforderlichen Ergänzungen und Berichtigungen, zu denen ihn der Verleger nicht zwingen kann (§ 13), nicht vornehmen will.

2. Der Befugnis des Verlegers, die Veranstaltung einer neuen Auflage zu verweigern, steht das Recht des Verfassers gegenüber, sich **durch Rücktritt vom Verlagsvertrage die freie Verfügung über das Werk zu verschaffen**, falls der Verleger die Veranstaltung der neuen Auflage verweigert oder trotz Aufforderung sein Recht innerhalb angemessener Frist nicht ausübt. Dieses Rücktrittsrecht ist in Satz 2—4 geregelt, während die rechtlichen Folgen, welche sich aus dem Rücktritt ergeben, in den §§ 37, 38 behandelt sind. Nach dem Sprachgebrauche des BGB. würde es zutreffender gewesen sein, die dem Verfasser verliehene Befugnis als **Kündigungsrecht** zu bezeichnen, da eine Aufhebung des Vertrages **mit Bezug auf die bereits erschienenen Auflagen** im Zweifel nicht eintritt. Vgl. § 38 Anm. 4.

Bei wissenschaftlichen Werken wird die Entschließung des Verlegers häufig davon abhängen, ob der Verfasser bereit ist, die gebotenen Ergänzungen und Berichtigungen vorzunehmen; in solchem Falle kann die Weigerung des Verfassers, die nach Lage der Sache wünschenswerten oder notwendigen Änderungen vorzunehmen, für den Verfasser zu einer Handhabe werden, um sich für die folgende Auflage von einem inhaltlich lästigen Verlagsvertrage zu befreien.

3. Die Verpflichtung besteht jedoch, sofern der Verleger das Recht auf die neue Auflage erst mit Rücksicht darauf

erwirbt, daß die erschienene Auflage demnächst vergriffen sein wird; ferner dann, wenn er dem Verfasser erklärt hat, daß er die neue Auflage veranstalten werde. Kommt der Verleger dann seiner Verpflichtung nicht nach, so findet § 32, nicht § 17 Anwendung, abgesehen von dem Falle, daß der Verleger die Erklärung abgibt, nachdem ihm der Verfasser eine Frist gesetzt hat.

4. Die Bestimmung der Frist ist eine empfangsbedürftige Willenserklärung, muß also, um wirksam zu werden, dem Verleger nach Maßgabe der §§ 130—132 BGB. zugehen. Erst wenn die Auflage ganz oder nahezu vollständig vergriffen ist, hat der Verleger Anlaß, eine neue Auflage vorzubereiten, daher ist eine Fristbestimmung, welche vor diesem Zeitpunkt erfolgt, unwirksam. Ist die vom Verfasser bestimmte Frist nicht angemessen, so tritt an ihre Stelle die objektiv angemessene Frist. Innerhalb der Frist hat der Verleger sich nicht etwa über die Ausübung seines Rechtes zu erklären, sondern die neue Auflage zu veranstalten; als angemessen ist somit nur eine solche Frist zu erachten, innerhalb welcher der Verleger die neue Auflage herzustellen vermag.

5. Der Rücktritt erfolgt durch Erklärung gegenüber dem Verleger (vgl. § 349 BGB.); erst wenn sie ihm zugeht, wird sie wirksam. Wenn der Verleger von seinem Rechte innerhalb der ihm gesetzten Frist keinen Gebrauch macht, so führt dies allein die Beendigung des Vertragsverhältnisses nicht herbei; vielmehr ist der Verleger auch nach dem Ablaufe der Frist zur Veranstaltung der neuen Auflage befugt, wenn und so lange der Verfasser den Rücktritt vom Vertrage nicht erklärt hat. Der Verfasser darf eine neue Auflage erst vervielfältigen und verbreiten lassen, wenn die bisherige Auflage vergriffen ist.

6. Veranstaltet ist die neue Auflage erst mit der Beendigung der Vervielfältigung. Rechtzeitig ist

die Veranstaltung nur, wenn sie innerhalb der vom Verfasser bestimmten oder objektiv angemessenen Frist erfolgt ist.

7. Dem fruchtlosen Ablaufe der Frist steht die dem Verfasser gegenüber erklärte Weigerung des Verlegers, eine neue Auflage zu veranstalten, gleich, und daher ist im Falle der Weigerung des Verlegers eine Fristbestimmung erforderlich. Da die Weigerung eine zwar empfangsbedürftige, aber einseitige Willenserklärung ist, so führt sie ebensowenig wie der Fristablauf die Beendigung des Vertragsverhältnisses herbei. Auch hier tritt die Auflösung des Vertrages erst mit dem Rücktritte des Verfassers ein. Verweigert der Verleger die Veranstaltung einer neuen Auflage, nachdem ihm der Verfasser zur Ausübung dieses Rechtes eine Frist bestimmt hat, so ist der Verfasser befugt, sofort, d. i. vor Ablauf der dem Verleger gesetzten Frist, den Rücktritt zu erklären.

§ 18[1].

Fällt der Zweck, welchem das Werk dienen sollte[2], nach dem Abschlusse des Vertrags[3] weg[4], so kann der Verleger das Vertragsverhältnis kündigen[5][6][7]; der Anspruch des Verfassers auf die Vergütung bleibt unberührt[8][9].

Das gleiche gilt, wenn Gegenstand des Verlagsvertrags ein Beitrag zu einem Sammelwerk[10] ist und die Vervielfältigung des Sammelwerkes unterbleibt[11].

1. § 18 enthält eine beschränkte Anerkennung der clausula rebus sic stantibus für das Gebiet des Verlagsrechtes. Grundsätzlich bleibt die Pflicht des Verlegers zur Vervielfältigung und Verbreitung des Werkes bestehen,

auch wenn die Aussicht auf Verkäuflichkeit der herzustellenden Exemplare mehr oder weniger schwindet. Zum mindesten muß in solchem Falle der Verleger soviel Abzüge herstellen lassen, daß er imstande ist, die ihm nach § 16 Satz 2 obliegende Verbindlichkeit zu erfüllen.

2. D. i. lediglich der konkrete Zweck, welchem das bestimmte Werk dienen soll, gleichgültig, ob er im Vertrage angeführt ist oder nicht, nicht das allgemeine Ziel der Verbreitung seines Werkes, welches jeder Verfasser bei Abschluß des Verlagsvertrages anstrebt.

3. War bereits bei Abschluß des Vertrages das Werk völlig zwecklos, wird beispielsweise eine wissenschaftliche Abhandlung in Verlag gegeben, obwohl sie durch die von einem anderen Gelehrten veröffentlichte Entdeckung jede Bedeutung verloren hat, so findet § 18 keine Anwendung; in solchem Falle könnte der Verleger den Vertrag nur anfechten, wenn er durch arglistige Täuschung zu dessen Abschlusse bestimmt worden wäre (§ 123 BGB.); eine Anfechtung wegen Irrtums ist ausgeschlossen, weil die Voraussetzungen des § 119 BGB. nicht vorliegen.

4. Die Begr. (S. 73) führt einzelne Beispiele an: wenn eine Abhandlung über eine brennende Tagesfrage oder eine wissenschaftliche Frage durch plötzlich bekannt gewordene neue Tatsachen oder Entdeckungen wertlos geworden ist oder wenn eine Festschrift zwecklos wird, weil das Fest, zu welchem die Schrift erscheinen sollte, infolge veränderter Umstände nicht stattfinden kann. In gleicher Weise würde § 18 Abs. 1 zutreffen, wenn ein Gesetzeskommentar durch Aufhebung oder wesentliche Abänderungen des erläuterten Gesetzes jegliche Bedeutung verliert, wenn das Fest oder die Ausstellung, für die das Werk bestimmt ist, nicht stattfinden u. dgl.

5. Da die Einhaltung einer Kündigungsfrist nicht vorgeschrieben ist, so tritt mit demjenigen Zeitpunkt, in welchem die Kündigung von dem anwesenden Verfasser

entgegengenommen wird oder dem abwesenden Verfasser zugeht (§§ 130ff. BGB.), die Beendigung des Vertragsverhältnisses ein, so daß das Verlagsrecht von dann ab erlischt (§ 9 Abs. 1). Die Kündigung ist zulässig, gleichviel ob die Vervielfältigung beendigt bzw. das Werk bereits erschienen ist oder nicht; von praktischer Bedeutung ist sie vornehmlich, wenn die Vervielfältigung noch gar nicht begonnen oder zwar begonnen hat, aber nicht beendigt ist.

6. Der Verleger muß beweisen, daß die Voraussetzung seines Kündigungsrechtes vorhanden ist; denn er will sich von der ihm nach § 14 obliegenden Verpflichtung befreien.

7. Das Kündigungsrecht ist verzichtbar; hat der Verleger also in Kenntnis des Wegfalls des Zweckes mit der Vervielfältigung oder Verbreitung fortgefahren, so kann er es nachträglich nicht mehr geltend machen.

8. Nach der Begr. (S. 74) entspricht diese Regelung der Billigkeit, weil die Kündigung im einseitigen Interesse des Verlegers erfolgt. Meist wird aber bei Wegfall des Zweckes, welchem das Werk dienen soll, nach § 35 Abs. 1 auch der Verfasser zum Rücktritte von dem geschlossenen Vertrage befugt sein, allerdings nur bis zum Beginne der Vervielfältigung; hieraus erhellt, daß das im § 18 vorgesehene Kündigungsrecht nicht nur unter dem in der Begr. geltend gemachten einseitigen Gesichtspunkte betrachtet werden darf. Bei einer nach dem Absatze bestimmten Vergütung wird der dem Verfasser verbleibende Anspruch in der Regel gegenstandslos sein, da bei Wegfall des Zweckes auf einen Absatz überhaupt nicht zu rechnen ist.

9. Nach der Fassung des Gesetzes ist die Vergütung trotz rechtmäßiger Kündigung selbst dann zu gewähren, wenn der Verfasser das Werk noch nicht vollendet oder mit der Herstellung noch gar nicht begonnen hat. In diesem Falle gelangen jedoch die §§ 615, 649 BGB. zu entsprechender Anwendung; der

Verfasser muß sich also auf die vereinbarte Vergütung dasjenige anrechnen lassen, was er infolge der Aufhebung des Vertrages an Aufwendungen erspart oder durch anderweitige Verwendung seiner Arbeitskraft erwirbt oder zu erwerben böslich unterläßt; er muß sich auch anrechnen lassen, was er durch eine andere, an sich zum Verlagsrecht gehörige Verwertung des Werts erwirbt.

10. Vgl. § 2 Anm. 15.

11. Abs. 2 beruht auf der Erwägung, daß es von dem Rechtsverhältnisse des Verlegers zum Herausgeber und, wenn es an einem Herausgeber fehle von dem Ermessen des Verlegers abhänge, ob das Sammelwerk gedruckt werde, und daß bei dieser Sachlage nicht angenommen werden könne, der Verleger habe sich zum Abdrucke des Beitrags auch für den Fall verpflichten wollen, daß die Vervielfältigung des Sammelwerkes unterbleibe. Begr. S. 73, 74. Das Recht des Verlegers besteht auch dann, wenn die Veröffentlichung des Beitrags allein zweckmäßig wäre; eine solche Verwertung ist dem Verleger nach § 9 auch gar nicht gestattet.

§ 19.

Werden von einem Sammelwerke[1]) neue Abzüge[2]) hergestellt, so ist der Verleger im Einverständnisse mit dem Herausgeber[3]) berechtigt, einzelne Beiträge wegzulassen[4])[5]).

1. Vgl. § 2 Anm. 15.

2. Gleichviel ob es sich um Veranstaltungen einer neuen Auflage handelt oder nicht. Doch bezieht sich die Bestimmung nicht auf die Herstellung der ersten Abzüge.

3. Der Herausgeber vertritt dem Verleger gegenüber das Interesse der einzelnen Mitarbeiter. Fehlt es an einem Herausgeber, so wird der Verleger nach

eigenem Ermessen handeln dürfen. Es entspricht dies dem Gedanken, den § 4 UG. zum Ausdruck bringt.

4. Der Zweck, welchem das Sammelwerk dient, erheischt es unter Umständen, daß einzelne Beiträge weggelassen oder durch andere Arbeiten ersetzt werden. Macht der Verleger von der ihm eingeräumten Befugnis Gebrauch, so ist damit das Vertragsverhältnis beendigt; die Beendigung tritt nicht durch eine dem Verfasser gegenüber abzugebende Willenserklärung, sondern durch die Tatsache der Weglassung des Beitrags ein, und mit diesem Zeitpunkt erlischt das durch den Vertrag begründete Verlagsrecht, ohne daß der Anspruch des Verfassers auf die vereinbarte Vergütung hiervon berührt wird.

5. Erfolgt die Weglassung ohne das erforderliche Einverständnis des Herausgebers, so kann dieser gemäß § 13 hiergegen einschreiten; vgl. § 13 Anm. 5. Ob auch der Verfasser ein Einspruchsrecht hat, richtet sich danach, ob er zum Verleger im Vertragsverhältnis steht oder nicht.

§ 20.

Der Verleger hat für die Korrektur zu sorgen[1]). Einen Abzug hat er rechtzeitig[2]) dem Verfasser[3]) zur Durchsicht vorzulegen[4]).

Der Abzug gilt als genehmigt, wenn der Verfasser ihn nicht binnen einer angemessenen Frist[5]) dem Verleger gegenüber beanstandet[6]).

1. Da die ordnungsmäßige Vervielfältigung dem Verleger obliegt, so hat er durch Korrektur für die Herstellung eines im wesentlichen fehlerfreien Abzugs zu sorgen. Der Verfasser ist zur Mitwirkung bei der Korrektur grundsätzlich weder berechtigt noch verpflichtet. Seine Verpflichtungen endigen mit der Ablieferung des dem § 10 entsprechenden Werkes.

2. D. h. so frühzeitig, daß der Verfasser noch vor dem Beginn der Herstellung der zur Verbreitung bestimmten Abzüge von seinem Abänderungsrechte Gebrauch machen kann. Verzögert der Verleger die Vorlegung oder unterläßt er sie überhaupt, so kann er vom Verfasser verlangte Abänderungen nicht um deswillen ablehnen, weil die Vervielfältigung bereits beendet sei (§ 12 Abs. 1); er kann sich auch nicht darauf berufen, daß die dadurch entstehende Verzögerung sein berechtigtes Interesse verletzte (§ 12 Abs. 1 Satz 2). Doch ist das Imprimatur des Verfassers nicht Voraussetzung für die rechtmäßige Herstellung der Abzüge; daher kann der Verfasser deren Verbreitung nur insofern verbieten, als er Abänderungen zu machen wünscht. Auch dies Recht verliert er, wenn er es nicht in angemessener Frist nach Kenntnis der Verbreitung geltend macht.

3. Oder dessen Rechtsnachfolger; das Recht auf Revision ist kein höchstpersönliches Recht des Verfassers.

4. Von der Korrektur ist die Revision, d. h. die Durchsicht der auf Grund der Korrektur berichtigten Bogen, zu unterscheiden. An dieser Durchsicht hat der Verfasser ein Interesse, nicht nur um etwaige, trotz der Korrektur vorhandene Mängel zu beseitigen, sondern auch im Hinblick auf die ihm nach § 12 zustehende Befugnis zur Vornahme von Änderungen. Die Verpflichtung des Verlegers, dem Verfasser einen korrigierten Abzug behufs Revision zugehen zu lassen, besteht auch dann, wenn der Verfasser sich weder im Verlagsvertrage, noch sonst vor Ablieferung des Werkes die Revision vorbehalten hat.

5. Die Frist ist den jeweiligen Umständen entsprechend zu bemessen; die Schwierigkeit und der Umfang der Durchsicht, die anderweite Beschäftigung des Verfassers, die örtliche Entfernung usw. werden zu berücksichtigen sein. Der Verleger braucht nicht besonders eine Frist zu setzen oder auch nur dem Verfasser mitzuteilen, welche

Frist er für angemessen hält. Ist die Frist abgelaufen, so hat der Verfasser ein Recht auf Änderungen nur noch gemäß § 12, auch wenn er an der Innehaltung der Frist durch einen von ihm nicht vertretbaren Umstand verhindert worden ist.

6. Eine Verpflichtung des Verfassers zur Revision ist im Gesetze nicht ausgesprochen. Nach der Begr. (S. 74) könnte eine derartige Verpflichtung zu Unzuträglichkeiten führen, „namentlich wenn der Verfasser persönlich zur Durchsicht außerstande ist, sich auf Reisen befindet oder durch andere Geschäfte völlig in Anspruch genommen wird". Hierzu tritt die weitere Erwägung, daß es an einem geeigneten Mittel fehlen würde, um den Verfasser zur Durchsicht des ihm übersandten Revisionsabzuges zu zwingen. Für den Verleger aber, welcher dem Verfasser den Revisionsabzug vorgelegt hat, können Schwierigkeiten daraus erwachsen, daß der Verfasser die Durchsicht verzögert oder deren Ergebnis nicht mitteilt. Dieser Erwägung verdankt der auf einem Beschlusse der RT.-Kom. beruhende Abs. 2 seine Entstehung. Welche Frist als angemessen zu erachten ist, hängt von den besonderen Umständen des einzelnen Falles ab. Eine Beanstandung im Sinne der obigen Vorschrift liegt selbstverständlich nur vor, wenn der Verfasser die Mängel, deren Abstellung er fordert, oder die Änderungen, welche er vorzunehmen wünscht, im einzelnen bezeichnet.

§ 21.

Die Bestimmung des Ladenpreises, zu welchem das Werk verbreitet wird[1]), steht für jede Auflage[2]) dem Verleger zu[3])[4]). Er darf den Ladenpreis ermäßigen, soweit nicht berechtigte Interessen des Verfassers verletzt werden[5]). Zur Erhöhung dieses

Preises bedarf es stets der Zustimmung des Verfassers[6])[7])[8]).

1. Vom Ladenpreis unterscheidet sich der Buchhändlerpreis, für welchen der Verleger an den Sortimentsbuchhändler verkauft.

2. Der Verleger darf den Preis für jede Auflage besonders bestimmen, ohne an die Beschränkungen in Satz 2 und 3 gebunden zu sein.

3. Diese Regelung beruht auf der Erwägung, daß der Absatz für Rechnung des Verlegers stattfindet, dieser also das Risiko des ganzen Geschäfts trägt. Ist die Preisbemessung offenbar unbillig, so handelt der Verleger der Bestimmung des § 14 zuwider. Der Verfasser hat somit ein Einspruchsrecht.

4. Das Recht der Preisbestimmung steht dem Verleger auch dann zu, wenn der Verfasser am Gewinn teilnimmt oder sich der vertragsmäßig von ihm zu den Kosten zu leistende Beitrag je nach den Einnahmen verändert. Das in solchem Verhältnisse liegende gesellschaftliche Moment, das an sich zu einer anderen Entscheidung führen würde, muß hinter die positive Bestimmung des § 21 zurücktreten; der Verfasser hat die mit der Vervielfältigung und Verbreitung zusammenhängenden Geschäfte im Rahmen der Bestimmungen dieses Gesetzes allein zu führen (vgl. auch § 710 BGB.).

5. Eine Preisermäßigung ist für den Verleger namentlich dann geboten, wenn der ursprüngliche Ladenpreis sich als zu hoch herausgestellt hat oder wenn einer auftauchenden Konkurrenz zu begegnen ist. Immerhin greift die Preisherabsetzung auch in die Interessensphäre des Verfassers ein, da sie geeignet ist, das Werk zu diskreditieren und gegebenenfalls auch die Einnahmen des Verfassers zu schmälern. Aus diesem Grunde ist bei der Preisermäßigung der Verleger an eine billige Rücksichtnahme auf

Interessen des Verfassers gebunden; werden nachweisbar berechtigte Interessen des Verfassers verletzt, so ist dieser der Ermäßigung zu widersprechen befugt.

6. Die Erhöhung des Ladenpreises ist geeignet, den Absatz zu schädigen; der Verfasser ist auch infolge der Bestimmung des § 26 an ihr unmittelbar interessiert; daher bedarf sie seiner Zustimmung. Gründe für deren Verweigerung braucht er nicht anzugeben; gegen die schikanöse Verweigerung der Einwilligung ist der Verleger durch § 226 BGB. geschützt.

7. Die Verletzung der Bestimmungen dieses Paragraphen durch den Verleger stellt einen Verstoß gegen § 14 dar; vgl. § 14 Anm. 2. Der Verfasser braucht den Verkauf von Abzügen zu einem ordnungswidrigen Preise nicht als Vertragserfüllung gelten zu lassen; er kann die erneute Verbreitung einer entsprechenden Anzahl Abzüge zum ordnungsmäßigen Preise verlangen.

8. Die Innehaltung des Ladenpreises durch den Dritten, also z. B. den Sortimentsbuchhändler oder das Warenhaus kann auf Grund des Urheberrechts nicht erzwungen werden (RG. i. Zivils. 63 S. 394).

§ 22.

Der Verleger ist verpflichtet, dem Verfasser die vereinbarte Vergütung[1]) zu zahlen[2]). Eine Vergütung gilt als stillschweigend vereinbart, wenn die Überlassung des Werkes den Umständen nach nur gegen eine Vergütung zu erwarten ist[3])[4]).

Ist die Höhe der Vergütung nicht bestimmt, so ist eine angemessene[5]) Vergütung in Geld[6]) als vereinbart anzusehen.

1. Die Vergütung kann als Pauschale, nach der Bogenzahl, nach der Zahl der Abzüge, auch nach dem Absatze vereinbart sein. Ist ein Bogenhonorar vereinbart, so ist es nur nach dem Raume zu berechnen, den das Manuskript des Verfassers einnimmt; liefert also der Verleger Abbildungen, so ist der dadurch eingenommene Raum in Abzug zu bringen. Für neue Auflagen kommt § 5 Abs. 1 in Betracht; hat der Verleger ein vertragsmäßiges Recht auf die Veranstaltung einer neuen Auflage, so darf der Verfasser dessen Ausübung ihm nicht durch eine übermäßige Honorarforderung vereiteln (RG. i. Zivils. 60 S. 174); vgl. auch § 23 Anm. 2.

2. Darüber daß die Verpflichtung des Verlegers zur Zahlung einer Vergütung kein wesentliches Erfordernis des Verlagsvertrages ist, vgl. § 1 Anm. 1. Ist aber eine Vergütung vereinbart, so bildet sie einen Bestandteil der dem Verleger obliegenden Leistung, welche im Verhältnisse zur Leistung des Verfassers die Natur einer Gegenleistung hat. Die vereinbarte Vergütung braucht nicht in Geld zu bestehen, wenngleich das Wort „zahlen" nur diesen Fall berücksichtigt.

3. Einer Rechtsvermutung darüber, ob eine Vergütung als stillschweigend vereinbart zu gelten habe oder nicht, hat sich das Gesetz enthalten; insbesondere ist eine Vermutung für die Honorarzahlung nicht aufgestellt, weil in zahlreichen Fällen der Verleger eine Vergütung nicht gewährt, ganz abgesehen davon, daß zuweilen sogar der Verfasser einen Zuschuß zu den Kosten der Vervielfältigung und Verbreitung zu leisten hat. Die Beweislast dafür, daß ein Honorar zu zahlen ist, trifft daher stets den Verfasser.

4. Im Buch- und Musikalienverlage wird regelmäßig mittels Vereinbarung Gewißheit darüber geschaffen, ob und in welcher Höhe der Verleger eine Vergütung zu gewähren hat. Dagegen ist bei Einsendung von Beiträgen an Zeitungen und Zeitschriften häufig nur aus

den Umständen zu entnehmen, ob der Verfasser Anspruch auf Vergütung hat. Die Fassung des Gesetzes entspricht der im § 612 Abs. 1 und § 632 Abs. 1 BGB. für den Dienstvertrag und für den Werkvertrag enthaltenen Auslegungsregel (ebenso §§ 653, 689 BGB.). Umstände, welche die Annahme einer stillschweigenden Vereinbarung im Sinne des § 22 Abs. 1 Satz 2 rechtfertigen, liegen beispielsweise vor, wenn der Einsender zu den regelmäßigen und bezahlten Mitarbeitern gehört oder wenn er von dem Redakteur um Abfassung und Einsendung des Beitrags ersucht worden ist.

5. Die Bestimmung der ausdrücklich oder stillschweigend vereinbarten, indes nicht der Höhe nach festgesetzten Vergütung ist nicht dem Ermessen des Verlegers überlassen; vielmehr ist über die Angemessenheit im Streitfalle gerichtliche Entscheidung herbeizuführen.

6. Nach der Begr. (S. 76) soll hiermit jeder Zweifel ausgeschlossen werden, daß der Verleger mangels einer dahingehenden Abrede seine Verpflichtung zur Zahlung einer Vergütung nicht schon durch Gewährung von Freiexemplaren oder durch ähnliche Leistungen erfüllen kann. Der Anspruch des Verfassers auf angemessene Vergütung in Geld setzt voraus, daß weder die Höhe, noch die Art der Vergütung im Vertrage bestimmt ist oder daß zwar eine Vergütung in Geld vereinbart, ihre Höhe aber nicht festgesetzt ist.

§ 23.

Die Vergütung ist bei der Ablieferung des Werkes zu entrichten[1]. Ist die Höhe der Vergütung unbestimmt oder hängt sie von dem Umfange der Vervielfältigung, insbesondere von der Zahl der Druckbogen, ab[2], so wird die Vergütung fällig, sobald das Werk vervielfältigt ist[3][4].

1. Insoweit die Gegenseitigkeit des Verlagsvertrages darauf beruht, daß der Verleger eine Vergütung zu zahlen hat, ist die Möglichkeit einer Erfüllung Zug um Zug, wie sie § 320 Abs. 1 Satz 1 BGB. für den gegenseitigen Vertrag als Regel ausspricht, gegeben. In Übereinstimmung mit der im § 641 Abs. 1 Satz 1 BGB. für den Werkvertrag enthaltenen Vorschrift geht demzufolge der vorliegende § 23 von dem Grundsatz aus, daß die Vergütung bei der Ablieferung des Werkes und nicht etwa erst nach Beendigung der Vervielfältigung zu entrichten ist. Der Verfasser ist somit berechtigt, die Ablieferung des Werkes bis zur Zahlung der vereinbarten Vergütung zu verweigern, und der Verleger kann die Ablieferung nur fordern, wenn er die Vergütung anbietet. Die Verpflichtungen des Verfassers sind mit der Ablieferung des Werkes freilich nicht erschöpft. Der Umstand aber, daß die auf § 8 beruhende Verbindlichkeit des Verfassers bis zur Beendigung des Vertragsverhältnisses dauert, berechtigt den Verleger nicht, dem Verfasser die Vergütung bis zum Ablaufe des Vertragsverhältnisses vorzuenthalten. Der Honoraranspruch ist nur fällig, wenn das Werk sich bei der Ablieferung im ordnungsmäßigen Zustande befindet. Der Verfasser hat daher dem Verleger die Möglichkeit der Prüfung zu gewähren.

2. Die beiden in Satz 2 erörterten Fälle haben die gemeinsame Eigentümlichkeit, daß sie die Ermittelung der dem Verfasser zustehenden Vergütung vor vollständiger Drucklegung des Werkes unmöglich machen oder zum mindesten erheblich erschweren. In solchem Falle ist nach Inhalt der Begr. (S. 76) der Schluß gerechtfertigt, daß nach der Absicht der Parteien die Vergütung erst bei Beendigung der Vervielfältigung gezahlt werden soll. Die Zahl der Druckbogen ergibt sich erst, nachdem die Vervielfältigung stattgefunden hat, und ist die Höhe der Vergütung überhaupt nicht bestimmt, so läßt sich der angemessene Betrag nur

ermitteln, wenn die für die Bemessung der Vergütung in Betracht kommenden näheren Umstände festgestellt sind. Ist die Vergütung nach Druckbogen bestimmt, so sind in den Umfang des Werkes auch Vorwort, Inhaltsverzeichnis und Register einzurechnen; ist aber für den Umfang des Werkes ein Maximum festgesetzt, so steht dem Verfasser auch für den dieses Maximum überschreitenden Teil des Werkes ein Anspruch auf Vergütung zu, sofern der Verleger das Werk als vertragsmäßig ohne Vorbehalt annimmt.

3. Erscheint das Werk in Abteilungen, so hängt es von den besonderen Umständen des Falles, insbesondere von der erkennbaren Absicht der Parteien ab, ob die Vergütung erst nach Ablieferung bzw. nach Vervielfältigung des ganzen Werkes oder für jede einzelne Abteilung besonders zu entrichten ist. Im letzteren Falle finden die Vorschriften des § 23 für jede einzelne Abteilung entsprechende Anwendung.

4. Die Zahlung des Honorars hat nach § 269 BGB. an dem Orte zu erfolgen, an dem der Verleger zur Zeit des Vertragsschlusses seinen Wohnsitz bzw. seine Niederlassung hatte; doch ist Geld dem Verfasser auf dessen Kosten und Gefahr nach seinem Wohnsitz zu übermitteln (§ 270 BGB.).

§ 24.

Bestimmt sich die Vergütung nach dem Absatze[1]), so hat der Verleger jährlich[2]) dem Verfasser für das vorangegangene Geschäftsjahr Rechnung zu legen[3]) und ihm, soweit es für die Prüfung erforderlich ist, die Einsicht seiner Geschäftsbücher zu gestatten[4]).

1. Das Honorar kann in einem Teil des Rein- oder des Bruttogewinnes, auch in einem Teil des Ver-

kaufspreises jedes einzelnen Abzuges bestehen; es kann auch vereinbart sein, daß nach dem Absatze einer bestimmten Anzahl von Abzügen ein weiteres Honorar gezahlt wird. In allen diesen Fällen findet § 24 Anwendung.

2. Nach der Vertragssitte pflegt das Geschäftsjahr bis zur Ostermesse zu laufen. Die erste Abrechnung hat nach der ersten auf das Erscheinen des Werkes folgenden Ostermesse zu erfolgen. Doch wird dem Verleger eine angemessene Frist zu gewähren sein, da eine sofortige Abrechnung nach der Ostermesse mit Rücksicht auf den Umfang der erforderlich werdenden Buchungen unmöglich ist.

3. Die Rechnungslegung besteht in der Mitteilung einer die geordnete Zusammenstellung des Absatzes oder — falls der Verfasser Anspruch auf einen Gewinnanteil hat — der Einnahmen und Ausgaben enthaltenden Rechnung. Die Darlegung des Absatzes beschränkt sich auf die verkauften Abzüge; die Freiexemplare sind für die Honorarzahlung unerheblich, die den Sortimentern in Kondition gegebenen Abzüge sind nicht abgesetzt. Die Vorlegung der Belege (§ 259 Abs. 1 BGB.) erübrigt sich durch den Anspruch des Verfassers auf Einsicht der Geschäftsbücher des Verlegers. Diese ist aber nur insoweit zu gestatten, als sie zur Prüfung erforderlich ist.

4. Die weitergehenden Rechte, welche nach § 118 HGB. ein von der Geschäftsführung ausgeschlossener Gesellschafter und nach § 166 HGB. der Kommanditist hat, stehen dem Verfasser nicht zu.

§ 25.

Der Verleger eines Werkes der Literatur[1]) ist verpflichtet, dem Verfasser[2]) auf je hundert Abzüge ein Freiexemplar[3]), jedoch im ganzen nicht weniger

als fünf und nicht mehr als fünfzehn zu liefern[4]). Auch hat er dem Verfasser auf dessen Verlangen ein Exemplar in Aushängebogen[5]) zu überlassen.

Der Verleger eines Werkes der Tonkunst ist verpflichtet, dem Verfasser die übliche Zahl von Freiexemplaren zu liefern[6]).

Von Beiträgen, die in Sammelwerken erscheinen, dürfen Sonderabzüge als Freiexemplare geliefert werden[7]).

1. Vgl. § 1 Anm. 3.

2. Mehrere Verfasser, deren Beiträge sich nicht voneinander trennen lassen (§ 6 UG.), haben zusammen nur Anspruch auf die im § 25 bestimmte Anzahl von Freiexemplaren.

3. Auf Lieferung von Freiexemplaren hat der Verfasser auch dann Anspruch, wenn eine Vergütung für das Werk weder vereinbart ist, noch als stillschweigend vereinbart gilt, oder wenn die Lieferung von Freiexemplaren im Vertrage nicht ausdrücklich vereinbart ist. Erscheint das Werk in Auflagen, so sind Freiexemplare in der vom Gesetze bestimmten Anzahl von jeder Auflage zu gewähren.

4. Der Verfasser kann über die ihm überlassenen Freiexemplare nach Belieben verfügen, nur darf er sie nicht gewerbsmäßig vertreiben. Vgl. § 2 Anm. 5.

5. Die Aushängebogen werden von der Druckerei dem Verleger und von diesem dem Verfasser überlassen, damit noch vor dem Abschlusse der Drucklegung etwaige Druckfehler oder sonstige Irrtümer berichtigt werden können. Wenn das Gesetz die Pflicht des Verlegers zur Verabfolgung von Aushängebogen an den Verfasser auf den Fall beschränkt, daß der Verfasser die Verabfolgung verlangt — dies kann auch noch nach Abschluß

des Verlagsvertrages geschehen —, so beruht dies nach der Begr. (S. 77) darauf, daß die rechtzeitige Versendung von Aushängebogen nicht unter allen Umständen, namentlich nicht bei sehr rascher Herstellung von Werken geringen Umfanges, möglich ist. Die Aushängebogen sind auf die zu liefernden Freiexemplare nicht in Abzug zu bringen.

6. „Bei Werken der Tonkunst steht die Zahl der zu gewährenden Freiexemplare durch allgemeine Übung fest. Die Ziffern sind aber je nach der Gattung des Werkes verschieden und lassen sich im einzelnen gesetzlich nicht feststellen." Begr. S. 77.

7. Die Bestimmung gilt für Werke der Literatur und der Tonkunst; vgl. aber § 46. Sie stellt eine Ausnahme von § 4 dar.

§ 26[1].

Der Verleger hat die zu seiner Verfügung stehenden Abzüge des Werkes[2]) zu dem niedrigsten Preise, für welchen er das Werk im Betriebe seines Verlagsgeschäfts abgibt, dem Verfasser, soweit dieser es verlangt[3]), zu überlassen.

1. Die im § 26 dem Verfasser verliehene Berechtigung ist namentlich für den Fall wesentlich, daß er *die weitere Verbreitung des Werkes unterdrücken oder alsbald eine neue Auflage veranstalten will.* Das Recht steht auch den Erben des Verfassers zu.

2. Zur Verfügung des Verlegers stehen nicht nur die Abzüge, welche er selbst oder dritte Personen für ihn auf Lager haben, sondern auch *die von den Sortimentern noch nicht fest abgenommenen Exemplare.* Wird die Auflage nicht in *einem* Drucke hergestellt, so erstreckt sich das Recht des Verfassers nur auf den jeweiligen vorhandenen Bestand.

3. Bei Feststellung des niedrigsten Preises ist auch der Rabatt und der Skontoabzug, welchen der Verleger

gewährt, zu berücksichtigen. Maßgebend ist aber nicht der Preis, zu dem der Verleger ein Exemplar ausnahmsweise unter dem üblichen Preise abgegeben hat, sondern der niedrigste Preis, zu welchem der Verleger im regelmäßigen Betriebe seines Verlagsgeschäftes das Werk abzugeben pflegt. Wird das Werk im Auslande billiger abgesetzt als im Inlande, so kann der Verfasser verlangen, daß ihm der Rest der Auflage zum Auslandspreis überlassen werde. KomBer. S. 34, 35. Ein Recht, die Einbände zum Herstellungspreis zu beziehen, hat der Verfasser nicht.

4. Hat das Werk mehrere Verfasser, so kann jeder von ihnen das nach § 26 dem Verfasser zustehende Recht geltend machen, doch darf dies nur in dem Umfange geschehen, daß das Recht der anderen Verfasser auf ordnungsmäßige Verbreitung (§ 14) nicht verletzt wird. Ist der Verlagsvertrag nur mit dem Herausgeber abgeschlossen worden (§ 4 UG.), so kann nur dieser das Recht aus § 26 geltend machen.

5. Der Verfasser hat das freie Verfügungsrecht über die von ihm gekauften Abzüge, nur darf er sie nicht gewerbsmäßig verbreiten (§ 2 Anm. 5). Auch diese Beschränkung fällt fort, wenn der Verleger das Recht nur auf eine Auflage erworben hat und die Auflage erschöpft ist, insbesondere etwa durch Aufkauf des gesamten Restbestandes (§ 29).

§ 27.

Der Verleger ist verpflichtet, das Werk[1]), nachdem es vervielfältigt worden ist[2]), zurückzugeben[3])[4]), sofern der Verfasser sich vor dem Beginne der Vervielfältigung die Rückgabe vorbehalten hat[5]).

1. Im Sinne des § 27 ist als das Werk die Handschrift anzusehen, in welcher sich die Schöpfung des Verfassers verkörpert. Vgl. § 1 Anm. 6.

2. Wenn der Vertrag vor diesem Zeitpunkt endigt, so besteht die Rückgabepflicht auch ohne Vorbehalt.

3. Der Verleger, welchem das Werk zum Zwecke der Vervielfältigung abgeliefert wird, erlangt hierdurch zwar den Besitz; dagegen wird ihm das Eigentum an dem Werke, da es an der nach § 929 BGB. erforderlichen Einigung fehlt, nicht übertragen. Hieraus würde sich die rechtliche Schlußfolgerung ergeben, daß der Verfasser gemäß § 985 BGB. vom Verleger, sobald die Vervielfältigung beendigt ist, die Herausgabe des Werkes verlangen kann. Aus Gründen der Zweckmäßigkeit aber, nämlich weil das Manuskript in der Druckerei häufig zerschnitten oder sonst auseinandergerissen wird, die Zurückgabe in unverändertem Zustande daher ohne Anwendung besonderer Sorgfalt nicht möglich ist, hat das Gesetz die Verpflichtung des Verlegers zur Zurückgabe des Werkes auf den Fall eingeschränkt, daß der Verfasser sich vor dem Beginne der Vervielfältigung die Rückgabe vorbehalten hat. Wird ein solcher Vorbehalt nicht oder nicht rechtzeitig erklärt, so hat der Verleger von der Beendigung der Vervielfältigung an freie Verfügung über das Manuskript; er kann es auch vernichten. Der Verfasser kann sich die Rückgabe vorbehalten, auch wenn der Verlagsvertrag hierüber nichts besagt.

4. Das Manuskript ist in demselben Zustande zurückzugeben, in dem es der Verfasser abgeliefert hat. Der Verleger haftet für die im Verkehr erforderliche Sorgfalt und hat auch das Verschulden seiner Angestellten zu vertreten (§§ 276 ff. BGB.).

5. Der Vorbehalt ist dem Verleger gegenüber zu erklären; es genügt jede Erklärung, durch welche der Verfasser zu erkennen gibt, daß er die Rückgabe des Manuskriptes wünscht; sie ist eine einseitige empfangsbedürftige Willenserklärung (§§ 130 ff. BGB.). Es genügt, wenn von mehreren Verfassern nur einer den Vorbehalt macht.

§ 28[1]).

Die Rechte des Verlegers[2]) sind übertragbar[3]), soweit nicht die Übertragung durch Vereinbarung zwischen dem Verfasser und dem Verleger ausgeschlossen ist[4]). Der Verleger kann jedoch durch einen Vertrag[5]), der nur über einzelne Werke[6]) geschlossen wird, seine Rechte nicht ohne Zustimmung des Verfassers[7]) übertragen. Die Zustimmung kann nur verweigert werden[8]), wenn ein wichtiger Grund vorliegt[9])[10]). Fordert der Verleger[11]) den Verfasser zur Erklärung über die Zustimmung auf, so gilt diese als erteilt, wenn nicht die Verweigerung von dem Verfasser binnen zwei Monaten nach dem Empfange der Aufforderung[12]) dem Verleger gegenüber[13]) erklärt wird.

Die dem Verleger obliegende Vervielfältigung und Verbreitung kann auch durch den Rechtsnachfolger bewirkt werden[14]). Übernimmt der Rechtsnachfolger dem Verleger gegenüber[15]) die Verpflichtung, das Werk zu vervielfältigen und zu verbreiten, so haftet er dem Verfasser für die Erfüllung der aus dem Verlagsvertrage sich ergebenden Verbindlichkeiten neben dem Verleger als Gesamtschuldner[16])[17]). Die Haftung erstreckt sich nicht auf eine bereits begründete Verpflichtung zum Schadensersatze[18]).

1. § 28 behandelt die Frage, ob und unter welchen Voraussetzungen die Rechte des Verlegers aus dem Verlagsvertrag übertragbar

sind. Satz 1 spricht die Übertragbarkeit dieser Rechte grundsätzlich aus, Satz 2 fordert für die Übertragung der Rechte mit Bezug auf einzelne Werke die Zustimmung des Verfassers. Satz 3 schränkt das Recht des Verfassers, die Zustimmung zu verweigern, wesentlich ein. Zu erheblicher praktischer Bedeutung sind die in Satz 2—4 enthaltenen Vorschriften nicht gelangt, da die Verleger das Erfordernis der Zustimmung des Verfassers durch vertragsmäßige Vereinbarung zu beseitigen pflegen.

2. Die Übertragbarkeit der Rechte und Verbindlichkeiten des Verfassers ist im § 28 nicht behandelt. Sofern der Verfasser das Werk erst nach dem Abschlusse des Verlagsvertrages herzustellen hat, kommt § 34 zur Anwendung. Soweit es sich aber um die Verpflichtung des Verfassers zur Ablieferung des vollendeten Werkes (§§ 1, 10) und zur Verschaffung des Verlagsrechtes (§ 8) handelt, gehen diese Verbindlichkeiten nicht nur als Bestandteile der Erbschaft auf den Erben des Verfassers über, sondern können auch mit dem Urheberrecht auf den Sondernachfolger (§ 8 Abs. 3 UG.) übertragen werden. Das gleiche gilt von dem Anspruche des Verfassers auf Vervielfältigung und Verbreitung des Werkes (§ 1 Satz 2); seinen etwaigen Anspruch auf die Vergütung kann der Verfasser auch ohne das Urheberrecht durch Abtretung auf einen anderen übertragen.

3. Absatz 1 handelt lediglich von den Rechten des Verlegers; diese gehen im wesentlichen auf Überlassung des Werkes zur Vervielfältigung und Verbreitung (§ 1 Satz 1) und auf Verschaffung des Verlagsrechts (§ 8). Diese Ansprüche sowie das bereits entstandene Verlagsrecht gehen mit dem Tode des Verlegers auf seine Erben über, sie können auch durch Vermächtnis einem Dritten zugewendet werden. § 28 handelt nur von der Übertragung der Rechte unter Lebenden. Der Abtretungsvertrag folgt den Vorschriften der §§ 398 ff. BGB., ist

also formlos gültig und als abstrakter Vertrag von dem zugrunde liegenden Rechtsverhältnis unabhängig. Da es sich um die Übertragung von Rechten aus einem gegenseitigen Vertrage handelt, so kann der Rechtsnachfolger des Verlegers die ihm übertragenen Rechte nur geltend machen, wenn auch die dem Verleger obliegende Leistung bewirkt wird (§§ 320, 404 BGB.). Die Frage, ob der Rechtsnachfolger diese Leistung, nämlich die Vervielfältigung und Verbreitung des Werkes, bewirken darf, ist in Absatz 2 Satz 1 bejaht. Die Übertragung ist jederzeit nach dem Abschlusse des Verlagsvertrages, also schon vor der Ablieferung des Werkes, zulässig. Der Abtretungsvertrag ist in Preußen gemäß Tarifstelle 2 des Gesetzes vom 30. Juni 1909 mit $^1/_{20}$% zu verstempeln.

4. Die Vorschrift, daß die Übertragung der Rechte des Verlegers durch Vereinbarung ausgeschlossen werden kann, steht mit §§ 399, 413 BGB. im Einklange. Soweit eine solche Vereinbarung getroffen ist, zeigt sich ihre Wirksamkeit auch dann, wenn der Verleger das ganze Verlagsgeschäft oder einen sachlich abgegrenzten Teil desselben veräußern will. Verh. des Reichstags S. 2252 ff. Ist aber über den Verlagsvertrag eine vom Verfasser unterschriebene Urkunde errichtet und die Vereinbarung, daß die Übertragung ausgeschlossen sei, in der Urkunde nicht enthalten, so findet, falls der Verleger unter Vorlegung der Urkunde seine Rechte aus dem Verlagsvertrag einem anderen überträgt, § 405 BGB. Anwendung; d. h. der Verfasser kann sich dem neuen Verleger gegenüber auf die Vereinbarung nicht berufen.

5. Für die Zwangsvollstreckung in das Verlagsrecht, dessen Übertragung durch Vereinbarung oder nach § 28 nur mit Zustimmung des Verfassers zulässig ist, kommt § 857 Abs. 3 und 4 zur Anwendung; demnach ist die Pfändung des Verlagsrechtes zwar zulässig; seine Ver-

äußerung kann indes nicht ohne Zustimmung des Verfassers von dem Gericht angeordnet werden (§ 857 Abs. 5 ZPO.), und wird die Zustimmung verweigert, so kann die Befriedigung des Gläubigers nur durch Anordnung einer Verwaltung (§ 857 Abs. 4 ZPO.) herbeigeführt werden. Der Konkurs über das Vermögen des Verlegers ergreift auch Verlagsrechte, der Konkursverwalter ist aber bei deren Verwertung an die Vorschriften des § 28 gebunden.

6. Den Gegensatz bildet die Veräußerung des ganzen Verlagsgeschäfts oder eines fachlich abgegrenzten Teiles des Verlagsgeschäfts. Sollen bei einer solchen Veräußerung Verlagsrechte als Bestandteile des Geschäfts oder einer Fachabteilung übertragen werden, so bedarf es hierfür der Zustimmung des Verfassers nicht. Ob die Veräußerung nur einzelne Werke oder einen fachlich abgegrenzten Teil des Verlagsgeschäfts zum Gegenstande hat, kann im konkreten Falle zu Zweifeln Anlaß geben. Wenn von einem Verlage für medizinische und naturwissenschaftliche Schriften die medizinische Fachabteilung abgezweigt wird, so findet Satz 2 offenbar keine Anwendung; das gleiche gilt nach dem KomBer. (S. 42) auch dann, wenn der Verleger nur eine Unterabteilung seines Geschäfts, z. B. den Verlag anatomischer oder gynäkologischer Werke, aufgeben will und die mit Bezug auf solche Werke erworbenen Verlagsrechte einem anderen überträgt. Daß aber, wie es im KomBer. an derselben Stelle heißt, eine Unterabteilung in diesem Sinne auch dann angenommen werden könne, wenn dieselbe nur noch aus einem einzigen Werke bestehe, erscheint nicht zutreffend; wenngleich die Zahl der Werke nicht allein entscheidet, so findet doch auf die Übertragung eines einzigen Werkes stets die in Satz 2 enthaltene Vorschrift Anwendung.

7. Auf die Zustimmung des Verfassers, die auch aus den Umständen entnommen werden kann, finden die

§§ 182—184 BGB. und, da die rechtsgeschäftliche Zustimmung eine einseitige empfangsbedürftige Willenserklärung ist, die §§ 130—132 BGB. Anwendung. Hat der Verfasser sein Urheberrecht einem anderen übertragen oder ist dieses Recht auf den Erben des Verfassers übergegangen, so ist die Zustimmung des Rechtsnachfolgers erforderlich.

8. Während die Zustimmung sowohl dem Verleger als dem Rechtsnachfolger gegenüber erklärt werden kann (§ 182 Abs. 1 BGB.), ist die Verweigerung der Zustimmung nur wirksam, wenn sie dem Verleger gegenüber erklärt wird.

9. Hiermit soll jede Willkür des Verfassers ausgeschlossen werden. Der Grund für die Verweigerung der Zustimmung kann sowohl in der Person des Erwerbers, wie auch in seinen geschäftlichen Verhältnissen liegen. Maßgebend ist, ob die beabsichtigte Übertragung „die Interessen des Verfassers, seinen literarischen Ruf und seine berechtigten Erwartungen auf die geeignete Vervielfältigung und die zeitgemäße Verbreitung des Werkes wesentlich gefährdet" (RG. i. Zivils. 65 S. 45). Verweigert der Verfasser die Zustimmung, so kann die gerichtliche Entscheidung über die Rechtmäßigkeit der Weigerung herbeigeführt werden; zur Kläge auf Erteilung der Zustimmung ist aber nur der Verleger vermöge des durch den Verlagsvertrag begründeten Rechtsverhältnisses legitimiert. Wird der Verfasser verurteilt, die Zustimmung zu erteilen, so wird die Erklärung des Verfassers durch das rechtskräftige Urteil ersetzt (§ 894 Abs. 1 Satz 1 ZPO.). Das Vorliegen eines wichtigen Grundes hat der Verfasser zu beweisen.

10. Hat die Übertragung stattgefunden, ohne daß die erforderliche Zustimmung des Verfassers erfolgt ist, so ist sie wirkungslos und es finden gegen die Vervielfältigung und Verbreitung des Werkes durch den neuen Verleger §§ 36 ff. UG. Anwendung. Die Übertragung

ist aber in diesem Falle dann rechtsgültig, wenn der Verfasser die Zustimmung nicht hätte verweigern dürfen (RG. i. Zivils. 65 S. 44).

11. Durch eine Aufforderung des Erwerbers wird die in Satz 4 bestimmte Ausschlußfrist nicht in Lauf gesetzt. Der Verleger kann den Verfasser zur Erklärung auffordern, gleichviel ob die Übertragung schon erfolgt ist oder nicht; im letzteren Falle ist die Zustimmung bis zur Vornahme der Übertragung widerruflich (§ 183 BGB.). Die Aufforderung zur Erklärung über die Zustimmung ist — ebenso wie die Zustimmung selbst und deren Verweigerung — formlos wirksam.

12. Die Berechnung der Frist folgt den Vorschriften der §§ 187 Abs. 1, 188 Abs. 2 BGB.

13. Eine dem Erwerber gegenüber erklärte Verweigerung der Zustimmung entbehrt der rechtlichen Wirkung und ist somit nicht geeignet, die an den Ablauf der Frist geknüpfte Rechtsfolge zu beseitigen.

14. Durch die Übertragung der Rechte aus dem Verlagsvertrage, gleichviel ob sie mit oder ohne Zustimmung des Verfassers erfolgt ist, wird der Verleger von der Verpflichtung, das Werk zu vervielfältigen und zu verbreiten, nicht befreit; soweit aber die Übertragung statthaft ist, hat der Verfasser zu dulden, daß die nach § 1 Satz 2 dem Verleger obliegende Verbindlichkeit durch dessen Rechtsnachfolger erfüllt wird. Erst soweit der letztere die Vervielfältigung und Verbreitung nach Maßgabe des Verlagsvertrags und der gesetzlichen Vorschriften bewirkt, tritt vermöge der Befriedigung des Verfassers die Befreiung des Verlegers von der ihm obliegenden Verbindlichkeit ein.

15. Hierdurch werden unmittelbare Rechtsbeziehungen zwischen dem Verfasser und dem Rechtsnachfolger des Verlegers hergestellt; es wird aber für den Fall, daß die Verlagsrechte als Bestandteile eines Verlagsgeschäfts mit

diesem veräußert werden und der Erwerber das Geschäft unter der bisherigen Firma fortführt, die Anwendbarkeit der §§ 25, 26 HGB. nicht ausgeschlossen.

16. Der Verfasser kann somit die dem Verleger obliegende Leistung nach seinem Belieben sowohl von diesem, als auch von dem Rechtsnachfolger fordern; bis die ganze Leistung bewirkt ist, bleiben der Verleger und sein Rechtsnachfolger verpflichtet. Vgl. §§ 421—425 BGB. Der unmittelbare Anspruch des Verfassers gegen den Rechtsnachfolger des Verlegers beschränkt sich nicht auf die Vervielfältigung und Verbreitung des Werkes, auch wenn der Rechtsnachfolger dem Verleger gegenüber nur diese Verpflichtung übernommen haben sollte; der Verfasser kann vielmehr sämtliche Leistungen, welche nach Gesetz oder Vertrag dem Verleger obliegen, von dessen Rechtsnachfolger fordern. Dies gilt insbesondere rücksichtlich der etwaigen Verbindlichkeit, eine Vergütung für die Überlassung des Werkes zu entrichten.

17. Aus der Anwendbarkeit der §§ 421—425 BGB. folgt insbesondere, daß der Verfasser Fristen, wie die in den §§ 17 und 32 vorgesehenen, sowohl dem Verleger wie dem Erwerber stellen muß, daß § 18 nur für den Kündigenden wirkt, daß der Rücktritt des Konkursverwalters (§ 32) nur für die Konkursmasse, nicht aber auch zugunsten des anderen Gesamtschuldners wirkt usw.

18. Auf alle sonstigen Ansprüche des Verfassers erstreckt sich die Haftung des Rechtsnachfolgers, auch wenn diese bereits vor der Übertragung fällig waren. Soweit die Haftung des Rechtsnachfolgers dem Verfasser gegenüber besteht, kann sie weder durch den der Übertragung zugrunde liegenden Vertrag noch durch einen bei Übernahme der Verpflichtung zur Vervielfältigung und Verbreitung dem Verfasser gegenüber erklärten Vorbehalt beseitigt oder beschränkt werden.

§ 29[1]).

Ist der Verlagsvertrag auf eine bestimmte Zahl von Auflagen oder von Abzügen beschränkt[2]), so endigt das Vertragsverhältnis, wenn die Auflagen oder Abzüge vergriffen sind[3]).

Der Verleger ist verpflichtet, dem Verfasser auf Verlangen Auskunft darüber zu erteilen, ob die einzelne Auflage oder die bestimmte Zahl von Abzügen vergriffen ist[4]).

Wird der Verlagsvertrag für eine bestimmte Zeit geschlossen[5]), so ist nach dem Ablaufe der Zeit der Verleger nicht mehr zur Verbreitung der noch vorhandenen Abzüge berechtigt[6]).

1. Das durch den Verlagsvertrag begründete Rechtsverhältnis kann sich sowohl durch den Eintritt des angestrebten Erfolges, als auch durch den Ablauf einer gewissen Zeit erschöpfen. Die auf diesen beiden Wegen eintretende Beendigung des Vertragsverhältnisses wird im § 29 Abs. 1 und 3 behandelt, während in §§ 30 ff. die besonderen Fälle geregelt werden, in welchen entweder für den Verleger oder für den Verfasser ein Rücktrittsrecht vorgesehen ist.

2. Den Gegensatz bilden die Fälle, in welchen der Verlagsvertrag eine Beschränkung auf eine bestimmte Zahl von Auflagen nicht vorsieht und die Zahl der Abzüge auch nicht durch § 5 Abs. 2 bestimmt wird. Hier endigt, falls nicht der in Abs. 3 behandelte Fall vorliegt, oder sonst ein Rücktritt oder eine Kündigung erfolgt, das Vertragsverhältnis erst mit dem Zeitpunkt, in welchem das Urheberrecht erlischt; es sei denn, daß aus dem Inhalte des Verlagsvertrages oder aus den besonderen Umständen des Falles die Absicht der Beteiligten ent-

nommen werden darf, das Vertragsverhältnis auch über diesen Zeitpunkt hinaus fortdauern zu lassen. Begr. S. 80. Die durch Strafurteil angeordnete Einziehung und Vernichtung der Exemplare beendet nicht ohne weiteres das Verlagsrecht (RG. i. Zivils. 65 S. 41).

3. Hiermit ist der durch den Vertrag angestrebte Erfolg herbeigeführt. Als vergriffen sind die Auflagen oder Abzüge dann anzusehen wenn sämtliche Exemplare vom Verleger abgesetzt worden, d. h. der Verfügung des Verlegers, sei es auch durch einen Ramschverkauf, entzogen sind. Durch die Unverkäuflichkeit des Werkes wird eine Lösung des Rechtsverhältnisses nicht herbeigeführt; die Verbindlichkeiten des Verfassers und des Verlegers bleiben vielmehr bestehen, auch wenn die auf Verbreitung des Werkes gerichtete Tätigkeit des Verlegers zeitweise oder andauernd erfolglos ist.

4. Mit der Beendigung des Vertragsverhältnisses wird das Urheberrecht des Verfassers von den Beschränkungen frei, welchen es während der Dauer des Vertragsverhältnisses nach § 2 unterliegt. Der Verfasser hat daher ein erhebliches Interesse, festzustellen, ob die Auflagen oder die Abzüge, auf welche der Verlagsvertrag beschränkt war, vergriffen sind. Hierauf gründet sich die in Abs. 2 enthaltene Vorschrift, welche trotz ihrer Fassung sinngemäß dahin verstanden werden muß, daß der Verleger, soweit er dies zu übersehen imstande ist, auch darüber Auskunft zu erteilen hat, welchen Umfang der Absatz der einzelnen Auflagen oder der Abzüge erreicht hat. Andernfalls würde der Verfasser auch nicht in der Lage sein, die Restbestände gemäß § 26 aufzukaufen. Zur Vorlegung der Bücher ist der Verleger nicht verpflichtet.

5. In solchem Falle kann der Verleger während des fraglichen Zeitraums Auflagen und Abzüge in beliebiger Zahl herstellen. Denkbar ist allerdings, daß das Verlagsrecht sowohl in bezug auf die Zahl der Abzüge, als auch hinsichtlich des Zeitraums einer

Beschränkung unterworfen ist; alsdann endigt das Vertragsverhältnis, wenn entweder die Abzüge vergriffen sind oder die Zeit abgelaufen ist.

6. Diese Anordnung bezweckt den Schutz des Verfassers, welcher nach dem Ablaufe der vertragsmäßigen Zeit an der anderweitigen Verwertung seines Werkes nicht gehindert werden soll. Hat der Verleger mehr Abzüge herstellen lassen, als er während der Dauer seines Verlagsrechts zu veräußern vermag, so bleiben die bei Beendigung des Vertragsverhältnisses noch vorhandenen Abzüge zwar sein Eigentum; die Verwertung des Eigentums durch Verbreitung der Abzüge würde aber nicht nur im Sinne des § 135 BGB. gegen ein gesetzliches Veräußerungsverbot verstoßen, sondern im Falle der gewerbsmäßigen Verbreitung auch eine Rechtsverletzung im Sinne der §§ 36, 38 Ziff. 1 UG. in sich schließen.

§ 30[1].

Wird das Werk ganz oder zum Teil[2] nicht rechtzeitig[3] abgeliefert, so kann der Verleger, statt den Anspruch auf Erfüllung[4] geltend zu machen, dem Verfasser eine angemessene Frist[5] zur Ablieferung mit der Erklärung bestimmen[6], daß er die Annahme der Leistung nach dem Ablaufe der Frist ablehne[7]. Zeigt sich schon vor dem Zeitpunkt, in welchem das Werk nach dem Vertrag[8] abzuliefern ist, daß das Werk nicht rechtzeitig abgeliefert werden wird[9], so kann der Verleger die Frist sofort bestimmen; die Frist muß so bemessen werden, daß sie nicht vor dem bezeichneten Zeitpunkt abläuft[9]. Nach dem Ablaufe der Frist ist der Verleger berechtigt, von dem Vertrage zurückzutreten[10], wenn nicht das

Werk rechtzeitig[11]) abgeliefert worden ist; der Anspruch auf Ablieferung des Werkes ist ausgeschlossen[12]).

Der Bestimmung einer Frist bedarf es nicht[13]), wenn die rechtzeitige Herstellung des Werkes unmöglich ist oder von dem Verfasser verweigert wird[14]) oder wenn der sofortige Rücktritt von dem Vertrage durch ein besonderes Interesse des Verlegers[15]) gerechtfertigt wird.

Der Rücktritt ist ausgeschlossen, wenn die nicht rechtzeitige Ablieferung des Werkes für den Verleger nur einen unerheblichen Nachteil mit sich bringt[16]).

Durch diese Vorschriften werden die im Falle des Verzugs des Verfassers[17]) dem Verleger zustehenden Rechte nicht berührt[18]).

1. Durch § 30 werden die Rechte des Verlegers für den Fall geregelt, daß der Verfasser das Werk nicht rechtzeitig abliefert. Nach §§ 325, 326 BGB. würde in solchem Falle der Verleger nur dann berechtigt sein, statt der Geltendmachung des Anspruchs auf Lieferung Schadenersatz wegen Nichterfüllung zu verlangen oder vom Vertrage zurückzutreten, wenn dem Verfasser ein Verschulden zur Last fiele. Das Vertragsverhältnis erfordert indes die Gewährung des Rücktrittsrechts auch dann, wenn die rechtzeitige Ablieferung infolge eines vom Verfasser nicht zu vertretenden Umstandes unterbleibt. Auf dieser Erwägung beruht die Gestaltung des § 30, dessen einzelnen Vorschriften, den für den Werkvertrag geltenden §§ 633—636 BGB. nachgebildet sind.

2. Der Verleger braucht mit der Vervielfältigung erst zu beginnen, wenn ihm das vollständige Werk zu-

gegangen ist (§ 15). Die Geltendmachung der nach § 30 dem Verleger zustehenden Rechte wird jedoch dadurch nicht ausgeschlossen, daß nach Ablieferung eines Teiles des Werkes mit der Vervielfältigung bereits begonnen ist. Erscheint das Werk in Abteilungen, so ist § 30 selbst dann anwendbar, wenn bereits eine oder mehrere Abteilungen erschienen sind.

3. D. i. innerhalb der durch den Verlagsvertrag bestimmten oder aus § 11 sich ergebenden Frist.

4. Der Anspruch auf Erfüllung verbleibt dem Verleger, wenn und solange er nicht vorzieht, auf dem durch § 30 bezeichneten Wege die Auflösung des Vertrages herbeizuführen. Ist der Vertrag über ein bereits vollendetes Werk abgeschlossen worden (§ 11 Abs. 1), so kann der Verleger auf Herausgabe klagen. Die Zwangsvollstreckung erfolgt dann gemäß § 883 ZPO. Dasselbe gilt, wenn der Verleger nachweisen kann, daß das Werk sich nach der Ansicht des Verfassers selbst in druckreifem Zustande befindet. In jedem anderen Falle kann die Erfüllung nicht im Wege der Zwangsvollstreckung erzwungen werden, da die Herstellung eines Geisteswerkes nicht ausschließlich von dem Willen des Verfassers abhängt (§ 882 ZPO.). Der Verleger kann also nur die Rechte aus § 283 BGB. geltend machen. Dieser Weg berbessert also seine Lage nur insofern, daß er den Verfasser auch dann schadenersatzpflichtig machen kann, wenn diesen ein Verschulden nicht trifft, es müßte denn sein, daß der Verfasser nach Rechtskraft des Urteils durch einen von ihm nicht vertretbaren Umstand an der Fertigstellung des Werkes verhindert ist.

5. Unter einer angemessenen Frist ist nicht eine Frist zu verstehen, in der der Verfasser das Werk vollständig neu herstellen, sondern nur eine Frist, in der er das bereits begonnene Werk vollenden kann. Ist die Frist zu kurz bemessen, so ist die Erklärung nicht wirkungslos, vielmehr kann der Verfasser zwar innerhalb der angemessenen

Frist noch erfüllen, mit Ablauf der angemessenen Frist aber erlangt die Erklärung des Verlegers Wirksamkeit (RG. i. Zivils. 56 S. 234, 62 S. 66).

6. Die Bestimmung der Frist ist, wie im Falle des § 17 eine einseitige empfangsbedürftige Willenserklärung im Sinne der §§ 130—132 BGB. Vgl. § 17 Anm. 3. Die Frist braucht nicht sofort nach dem Herankommen des Ablieferungstermins gesetzt zu werden; nur darf der Verleger nicht so lange warten, daß darin ein Verstoß gegen Treu und Glauben erblickt werden kann. RG. i. Zivils. 60 S. 348.

7. Die bloße Gewährung einer weiteren Frist behufs Ablieferung des Werkes reicht nicht aus, um den Rücktritt vom Vertrage vorzubereiten; vielmehr muß bei der Fristsetzung zum Ausdruck kommen, daß der Verleger nach dem Ablauf der Frist die Annahme der dem Verfasser obliegenden Leistung ablehnt. Die Erklärung kann bis zum Ablauf der Frist zurückgenommen werden.

8. Aus der Fassung könnte entnommen werden, daß Satz 2 nur Anwendung finden soll, wenn die Frist der Ablieferung im Verlagsvertrage bestimmt ist; diese Auslegung würde indes der offenbaren Absicht des Gesetzes zuwiderlaufen. Auch bei dem in Satz 2 behandelten Falle ist es gleichgültig, ob die Frist vertragsmäßig vereinbart oder aus der gesetzlichen Vorschrift des § 11 zu entnehmen ist.

9. Diese Voraussetzung wird namentlich dann gegeben sein, wenn der Verfasser mit der Bearbeitung soweit im Rückstande ist, daß die rechtzeitige Vollendung des Werkes ausgeschlossen erscheint.

10. Über die Erklärung des Rücktritts und die Notwendigkeit dieser Erklärung gilt das in § 17 Anm. 5 Gesagte. Durch die Vollziehung des Rücktritts wird der Verlagsvertrag in seinen Wirkungen aufgehoben; vgl. im übrigen die §§ 37, 38.

11. D. h. bis zum Ablaufe der vom Verleger gesetzten Frist, die, wenn sie zu kurz war, sich zur angemessenen verlängert.

12. Der Anspruch des Verlegers auf Ablieferung des Werkes erlischt bereits mit dem Ablaufe der gesetzten Frist, auch wenn der Rücktritt vom Vertrage noch nicht erfolgt ist. Dagegen ist der Verfasser auch nach Ablauf der Frist zur Ablieferung des Werkes an den Verleger berechtigt, der letztere also zur Vervielfältigung und Verbreitung des abgelieferten Werkes verpflichtet, wenn und solange der Rücktritt vom Vertrage seitens des Verlegers nicht erklärt ist.

13. Fällt die Notwendigkeit der Fristbestimmung fort, so kann der Verleger den Rücktritt sofort erklären, und zwar in den beiden ersten Fällen noch vor Ablauf der vertraglichen oder gesetzlichen Frist, im letzten Falle dagegen erst, wenn das Werk ganz oder zum Teil nicht rechtzeitig abgeliefert worden ist. Daß eine derjenigen Voraussetzungen vorliegt, unter welchen die Fristbestimmung nicht erforderlich ist, hat der Verleger zu beweisen. Ein Verschulden des Verfassers braucht nicht vorzuliegen.

14. Als eine Weigerung im Sinne der obigen Bestimmung ist nur eine solche anzusehen, welche vom Verfasser dem Verleger gegenüber erklärt worden ist; sie darf keinen Zweifel darüber lassen, daß sie als endgültige Weigerung gemeint ist. RG. i. Zivils. 66 S. 421.

15. Unter dem besonderen Interesse des Verlegers ist nur das Interesse an der rechtzeitigen Ablieferung des Werkes zu verstehen; sonstige Interessen des Verlegers vermögen den sofortigen Rücktritt vom Vertrage nicht zu begründen. KomBer. S. 45. Eine Frist braucht auch dann nicht gesetzt zu werden, wenn das Werk genau zu einer festbestimmten Zeit geliefert werden soll (§ 361 BGB.).

16. Der Beweis, daß die Verzögerung für den Verleger nur einen unerheblichen Nachteil herbeiführt, liegt dem Verfasser ob, welcher die Zulässigkeit des Rücktritts bestreitet. Die Vorschrift in Abs. 3 bezieht sich auf die sämtlichen in Abs. 1 und 2 behandelten Fälle, ist also anwendbar, gleichviel ob zur Ausübung des Rücktrittsrechts eine Fristbestimmung erforderlich ist oder nicht.

17. Die Voraussetzungen, unter welchen der Verfasser in Verzug kommt, ergeben sich aus §§ 284, 285 BGB.; der Umfang der Vertretungspflicht des Verfassers wird durch §§ 275, 276, 278 BGB. bestimmt.

18. Die Gestaltung, welche das dem Verleger zustehende Rücktrittsrecht im § 30 gefunden hat, ist eine eigentümliche, weil die gesamten in Abs. 1—3 enthaltenen Vorschriften zur Anwendung kommen, gleichviel ob der Verfasser sich in Verzug befindet oder ob die Ablieferung infolge eines von ihm nicht zu vertretenden Umstandes unterblieben ist. Erst in Abs. 4 wird der Fall des Verzugs berücksichtigt, und zwar dahin, daß die nach allgemeinen Rechtsgrundsätzen beim Verzuge des Schuldners dem Gläubiger zustehenden Rechte (vgl. §§ 286, 287 BGB.) unbeschadet der in Abs. 1—3 enthaltenen Vorschriften auch dem Verleger gegen den Verfasser zustehen. Insbesondere ist hiernach der mit der Ablieferung des Werkes in Verzug befindliche Verfasser dem Verleger, auch wenn dieser vom Vertrage zurückgetreten ist, zum Schadensersatze verpflichtet, und zwar in dem aus §§ 251, 252 BGB. sich ergebenden Umfange.

§ 31.

Die Vorschriften des § 30 finden entsprechende Anwendung, wenn das Werk nicht von vertragsmäßiger Beschaffenheit ist[1][2]).

Beruht der Mangel auf einem Umstande, den der Verfasser zu vertreten hat[3]), so kann der Ver-

leger statt des im § 30 vorgesehenen Rücktrittsrechts den Anspruch auf Schadensersatz wegen Nichterfüllung geltend machen[4])[5]).

1. Der Ausdruck „vertragsmäßige Beschaffenheit" bezieht sich auf die äußere Form des Manuskripts (§ 10) und außerdem nach der im KomBer. (S. 45) niedergelegten Anschauung der RT.-Kom. und der Regierungsvertreter auf den Inhalt des Werkes nur insoweit als die plangemäße Abfassung darunter begriffen ist, wogegen das Werk im übrigen seines Inhalts wegen von dem Verleger nur beanstandet werden kann, wenn über Inhalt und Eigenschaften besondere Vereinbarungen getroffen sind. So findet § 31 Anwendung, wenn das Werk dem vereinbarten Umfange nicht entspricht, oder für den Leserkreis, für den es vertragsmäßig bestimmt ist, völlig ungeeignet ist. Außerdem ist § 242 BGB. anzuwenden: wenn die Leistung des Verfassers nicht einmal den geringsten Ansprüchen gerecht wird, welche nach Treu und Glauben mit Rücksicht auf die Verkehrssitte an ein Werk des im Verlagsvertrage bezeichneten Inhalts gestellt werden müssen, so darf dem Verleger die Ausübung der Befugnisse, welche sich aus der entsprechenden Anwendung des § 30 ergeben, nicht versagt werden.

2. Die entsprechende Anwendung des § 30 gestaltet sich folgendermaßen:

> Ist das vom Verfasser abgelieferte Werk nicht von vertragsmäßiger Beschaffenheit, so kann der Verleger dem Verfasser eine angemessene Frist zur Herstellung vertragsmäßiger Beschaffenheit mit der Erklärung bestimmen, daß er die Annahme der Leistung nach dem Ablaufe der Frist ablehne. Zeigt sich der Mangel vertragsmäßiger Beschaffenheit schon vor der Ablieferung des Werkes, so kann der Verleger die Frist sofort bestimmen; die Frist muß

so bemessen werden, daß sie nicht vor der für die Ablieferung bestimmten Frist abläuft. Nach dem Ablaufe der Frist ist der Verleger berechtigt, von dem Vertrage zurückzutreten, wenn nicht das Werk in vertragsmäßiger Beschaffenheit rechtzeitig abgeliefert worden ist; der Anspruch auf Herstellung vertragsmäßiger Beschaffenheit ist ausgeschlossen.

Der Bestimmung einer Frist bedarf es nicht, wenn die Herstellung vertragsmäßiger Beschaffenheit unmöglich ist oder von dem Verfasser verweigert wird oder wenn der sofortige Rücktritt von dem Vertrage durch ein besonderes Interesse des Verlegers gerechtfertigt wird.

Der Rücktritt ist ausgeschlossen, wenn der Mangel der vertragsmäßigen Beschaffenheit für den Verleger nur einen unerheblichen Nachteil mit sich bringt.

3. Vgl. §§ 275, 276, 278 BGB.

4. Abs. 2 entspricht dem § 635 BGB. Die Beweislast dafür, daß der Mangel auf einem von ihm nicht zu vertretenden Umstande beruht, trifft nach § 282 BGB. den Verfasser. Der Anspruch auf Schadensersatz wegen Nichterfüllung tritt an die Stelle des Rücktrittsrechtes; seine Geltendmachung setzt aber, ebenso wie der Rücktritt vom Vertrage, voraus, daß, falls nicht § 30 Abs. 2 entsprechend anwendbar ist, die Bestimmung einer Frist zur Herstellung vertragsmäßiger Beschaffenheit des Werkes vorangegangen ist; denn der Schadensersatzanspruch tritt nach der Vorschrift des § 31 an die Stelle des Rücktritts und dieser ist erst nach Setzung einer angemessenen Frist zulässig.

5. Der Verleger ist durch § 13 in der Regel gehindert, etwaige Mängel selbst zu beseitigen; er darf nur äußere Mängel des Werkes abstellen; innere Mängel nur insoweit, als dadurch das Werk — auch teilweise — nicht zum Geistesprodukt eines anderen wird.

§ 32[1].

Wird das Werk nicht vertragsmäßig vervielfältigt oder verbreitet[2], so finden zugunsten des Verfassers die Vorschriften des § 30[3]) entsprechende Anwendung[4]).

1. Durch die besonderen Vorschriften des § 32 wird der aus der Verbindlichkeit des Verlegers zu vertragsmäßiger Vervielfältigung und Verbreitung sich ergebende Anspruch des Verfassers auf Erfüllung nicht ausgeschlossen. Der Verfasser kann diesen Anspruch, wie in der Begr. (S. 81) zutreffend ausgeführt wird, im Wege der Klage verfolgen und, wenn er eine rechtskräftige Verurteilung des Verlegers erzielt hat, behufs Durchführung seines Anspruches die Zwangsvollstreckung betreiben oder gemäß §§ 283, 325 BGB. sei es Schadensersatz wegen Nichterfüllung verlangen, sei es von dem Vertrage zurücktreten; im Falle des Verzuges des Verlegers ist die Geltendmachung dieser letzteren Rechte nach §§ 226, 327 BGB. auch ohne vorgängige gerichtliche Verfolgung des Anspruchs auf Erfüllung zulässig. Die Zwangsvollstreckung des Anspruchs auf Erfüllung erfolgt, je nachdem, ob die Handlung, zu der der Verleger verurteilt ist, auch von einem Dritten vorgenommen werden kann oder nicht, nach § 887 oder nach § 888 ZPO. Die Rechtslage des Verfassers erheischt noch einen weitergehenden Schutz; wie nach §§ 30, 31 bei nicht rechtzeitiger Ablieferung oder bei nicht vertragsmäßiger Beschaffenheit des Werkes der Verleger zum Rücktritt vom Vertrage berechtigt ist, obgleich der Verfasser sich nicht im Verzuge befindet oder den Mangel der vertragsmäßigen Beschaffenheit nicht verschuldet hat, so muß auch der Verfasser in der Lage sein, das Vertragsverhältnis zu lösen, wenngleich das Unterbleiben der vertragsmäßigen Vervielfältigung und Verbreitung nicht auf einem vom Verleger zu vertretenden Umstande beruht. Diese Befugnis des Verfassers ergibt sich aus der im § 32 zu seinen Gunsten vorgeschriebenen entsprechenden Anwendung des § 30.

2. Gleichviel ob die Vervielfältigung und Verbreitung überhaupt unterlassen wird oder nicht in vertrags- oder gesetzmäßiger Weise stattfindet. Liegt in der Art der Vervielfältigung oder Verbreitung ein Verstoß gegen das UG., so stehen dem Verfasser neben den Rechten aus § 32 noch die Ansprüche aus §§ 36ff. UG. zu.

3. Die entsprechende Anwendung des § 30 gestaltet sich folgendermaßen:

> Wird das Werk nicht vertragsmäßig vervielfältigt oder verbreitet, so kann der Verfasser, statt den Anspruch auf Erfüllung geltend zu machen, dem Verleger eine angemessene Frist zur vertragsmäßigen Vervielfältigung oder Verbreitung mit der Erklärung bestimmen, daß er die Annahme der Leistung nach dem Ablaufe der Frist ablehne. Zeigt sich schon vor dem Zeitpunkt, in welchem die vertragsmäßige Vervielfältigung oder Verbreitung zu bewirken ist, daß dieselbe unterbleiben werde, so kann der Verfasser die Frist sofort bestimmen; die Frist muß so bemessen werden, daß sie nicht vor dem bezeichneten Zeitpunkt abläuft. Nach dem Ablaufe der Frist ist der Verfasser berechtigt, von dem Vertrage zurückzutreten, wenn nicht das Werk rechtzeitig in vertragsmäßiger Weise vervielfältigt oder verbreitet worden ist; der Anspruch auf diese Vervielfältigung oder Verbreitung ist ausgeschlossen.
>
> Der Bestimmung einer Frist bedarf es nicht, wenn die vertragsmäßige Vervielfältigung oder Verbreitung unmöglich ist oder von dem Verleger verweigert wird oder wenn der sofortige Rücktritt vom Vertrage durch ein besonderes Interesse des Verfassers gerechtfertigt wird.
>
> Der Rücktritt ist ausgeschlossen, wenn die nicht vertragsmäßige Vervielfältigung oder Verbreitung für den Verfasser nur einen unerheblichen Nachteil mit sich bringt.

Durch diese Vorschriften werden die im Falle des Verzugs des Verlegers dem Verfasser zustehenden Rechte nicht berührt.

4. Die Vorschrift des § 32 findet auch mit Bezug auf eine neue Auflage, zu deren Veranstaltung der Verleger sich verpflichtet hat, Anwendung. Begr. S. 81.

§ 33[1]).

Geht das Werk[2]) nach der Ablieferung an den Verleger[3]) durch Zufall[4]) unter[5]), so behält der Verfasser den Anspruch auf die Vergütung[6]). Im übrigen werden beide Teile von der Verpflichtung zur Leistung frei[7]).

Auf Verlangen des Verlegers hat jedoch der Verfasser gegen eine angemessene Vergütung[8]) ein anderes im wesentlichen übereinstimmendes Werk zu liefern, sofern dies auf Grund vorhandener Vorarbeiten oder sonstiger Unterlagen mit geringer Mühe geschehen kann[9]); erbietet sich der Verfasser, ein solches Werk innerhalb einer angemessenen Frist kostenfrei[10]) zu liefern, so ist der Verleger verpflichtet, das Werk an Stelle des untergegangenen zu vervielfältigen und zu verbreiten. Jeder Teil kann diese Rechte auch geltend machen, wenn das Werk nach der Ablieferung infolge eines Umstandes untergegangen ist, den der andere Teil zu vertreten hat[11])[12]).

Der Ablieferung steht es gleich, wenn der Verleger in Verzug der Annahme kommt[13]).

1. § 33 behandelt nur den Fall, daß das Werk nach der Ablieferung untergeht; beim Untergange des Werkes

vor der Ablieferung an den Verleger kommen die allgemeinen Grundsätze zur Anwendung. Soweit im letzteren Falle der Untergang eine Unmöglichkeit der Erfüllung herbeiführt — und dies wird in der Regel dann anzunehmen sein, wenn der Verlagsvertrag über ein bereits vollendetes Werk geschlossen ist —, bestimmen sich die Rechte des Verlegers nach §§ 275—282 und §§ 323—325, 327 BGB.; wird dagegen nur die rechtzeitige Ablieferung des Werkes verhindert, so kann der Verleger die im § 30 vorgesehenen Rechte geltend machen. Für das frühere Recht vgl. RG. i. Zivils. 20 S. 96.

2. Vgl. § 1 Anm. 6.

3. Es kommt nur auf die tatsächliche Ablieferung, also nicht darauf an, ob das Werk vom Verleger als vertragsmäßig angenommen worden ist. Vgl. § 9 Anm. 1. Dagegen findet § 33 keine Anwendung, wenn das Werk auf dem Transport vom Wohnort des Verfassers nach dem Wohnort des Verlegers untergeht. Die §§ 644 Abs. 2, 447 BGB. finden keine Anwendung. Ist das Werk einmal abgeliefert, so gilt § 33 auch für seinen zufälligen Untergang beim Verfasser, an deu es vorübergehend zurückgegeben ist, es müßte denn sein, daß der Verfasser die Rückgabe durch die nicht vertragsmäßige Art der Herstellung verschuldet hat und das Werk beim Verleger nicht untergegangen wäre.

4. Ist der Untergang auf einen vom Verleger zu vertretenden Umstand zurückzuführen, so behält der Verfasser nicht nur den Anspruch auf die Vergütung, sondern kann auch den durch das Verschulden des Verlegers begründeten Anspruch auf Schadensersatz geltend machen; §§ 324, 325 BGB.

5. Als untergegangen ist das Werk nicht nur dann anzusehen, wenn die stoffliche Unterlage der Schrift vernichtet ist, sondern auch dann, wenn die auf dieser Unterlage angebrachten Schriftzeichen beseitigt oder unkenntlich geworden sind. Auch der teilweise Verlust des Manuskripts

fällt unter § 33, der teilweise Druck stellt eine Kürzung dar, die dem Verleger nach § 13 nicht gestattet ist.

Als untergegangen ist das Werk nicht anzusehen, wenn sich ein zweites Exemplar im Besitz des Verlegers befindet; hat der Verfasser ein zweites Exemplar, so findet Abs. 2 Anwendung. Wenn das Werk bereits gesetzt ist, so daß der Vervielfältigung keine Hindernisse entgegenstehen, kann von einem Verlust im Sinne des § 33 nicht mehr die Rede sein.

6. Mit der Ablieferung geht die Gefahr auf den Verleger über, und daher geht der Verfasser des Anspruchs auf die Vergütung nicht verlustig. Dieser Anspruch wird allerdings gegenstandslos, wenn die Vergütung sich nach dem Absatz oder nach dem vom Verleger zu erzielenden Gewinne bestimmen sollte. Kann der Verleger nachweisen, daß das Werk nicht vertragsmäßig war, so steht dem Verfasser der Anspruch auf Vergütung nicht zu; denn er kann nicht „behalten", was er noch gar nicht hatte.

7. Die Pflicht des Verlegers zur Vervielfältigung und Verbreitung wird dadurch beseitigt, daß ihre Erfüllung unmöglich geworden ist; damit verliert der Verleger den Anspruch auf Erfüllung der nach § 2 dem Verfasser obliegenden Pflichten; ebenso erlischt nach § 9 das Verlagsrecht.

8. Der Betrag dieser Vergütung ist nach dem Umfange der Mühewaltung zu bemessen, welche für die Herstellung des neuen Werkes aufzuwenden ist. Der Anspruch auf die vertragsmäßige Vergütung bleibt daneben bestehen.

9. Hierbei ist vorzugsweise an den Fall gedacht, daß der Verfasser noch ein zweites Exemplar des untergegangenen Werkes oder umfangreiche und vollständige Vorarbeiten besitzt, aus denen er mit geringer Mühe das Werk neu herstellen kann. KomBer. S. 46. Läßt sich das Werk nur durch eine erhebliche geistige Mühewaltung wiederherstellen, so kann der Verleger die Lieferung eines neuen Werkes nicht verlangen.

10. Will der Verfasser durch Lieferung eines neuen Werkes den Vertrag aufrecht erhalten, so hat er auf Vergütung für das neue Werk keinen Anspruch Erfolgt dessen Ablieferung nicht innerhalb angemessener Frist, so ist der Verleger befugt, die ihm nach § 30 zustehenden Rechte geltend zu machen.

11. Die in Abs. 2 Satz 1 enthaltenen Vorschriften schließen sich an den in Abs. 1 behandelten Fall an, daß das Werk nach der Ablieferung durch Zufall untergeht, finden also grundsätzlich keine Anwendung, wenn der Untergang auf ein Verschulden des Verlegers oder des Verfassers zurückzuführen ist. In Satz 2 wird jedoch auch dieser Fall berücksichtigt, und zwar dahin, das derjenige Teil, welchen die Verantwortung für den Untergang des Werkes nicht trifft, die Aufrechterhaltung des Verlagsvertrages nach Maßgabe der in Satz 1 enthaltenen Vorschriften verlangen darf.

12. Eine Frist zur Geltendmachung der Rechte aus Abs. 2 bestimmt das Gesetz nicht; nach dem das Verlagsverhältnis bestimmenden Grundsatz von Treu und Glauben (§ 1 Anm. 10) darf das Verlangen bzw. Erbieten nicht zur Unzeit erfolgen, d. h. nicht mehr zu einer Zeit, wo der andere Teil bereits damit rechnen durfte, daß das Verhältnis endgültig beendet sei. Ebenso erlöschen die Rechte aus Abs. 2, wenn eine Anfrage, ob der Verfasser sich zur Lieferung erbieten oder der Verleger sie verlangen wolle, binnen angemessener Frist nicht beantwortet oder gar verneint wird.

13. Die Voraussetzungen des Verzugs bestimmen sich nach den allgemeinen Vorschriften der §§ 293ff. BGB.; ein Verschulden des Verlegers ist nicht erforderlich.

§ 34[1]).

Stirbt der Verfasser vor der Vollendung des Werkes[2]), so ist, wenn ein Teil des Werkes[3]) dem

Verleger bereits abgeliefert[4]) worden war, der Verleger berechtigt[5]), in Ansehung des gelieferten Teiles den Vertrag durch eine dem Erben des Verfassers gegenüber abzugebende Erklärung[6]) aufrechtzuerhalten[7]).

Der Erbe kann dem Verleger zur Ausübung des im Abs. 1 bezeichneten Rechtes eine angemessene Frist bestimmen[8]). Das Recht erlischt, wenn sich der Verleger nicht vor dem Ablaufe der Frist für die Aufrechterhaltung des Vertrags erklärt[9])[10]).

Diese Vorschriften finden entsprechende Anwendung, wenn die Vollendung des Werkes infolge eines sonstigen nicht von dem Verfasser zu vertretenden Umstandes unmöglich wird[10]).

1. Die Herstellung des Werkes ist eine dem Verfasser in Person obliegende Leistung. Somit tritt, wenn das Werk erst nach dem Abschlusse des Verlagsvertrages hergestellt werden soll, durch den Tod des Verfassers vor Vollendung des Werkes eine Unmöglichkeit der Leistung ein, kraft deren die Erben des Verfassers auch den Anspruch auf die Gegenleistung verlieren. § 323 Abs. 1 BGB. Demgegenüber enthält § 34 eine besondere Regelung für den Fall, daß der Verfasser stirbt, nachdem er einen Teil des Werkes dem Verleger bereits abgeliefert hat.

2. Ist das Werk bereits vollendet, so ist es von dem Erben des Verfassers an den Verleger abzuliefern, gnd dieser ist verpflichtet, den Verlagsvertrag nach Maßuabe des § 1 durch Vervielfältigung und Verbreitung des Werkes zu erfüllen.

3. D. i. ein in sich abgeschlossener druckreifer Teil. Hat der Verfasser dem Verleger nur Vorarbeiten

oder Entwürfe ausgehändigt, so findet § 34 keine Anwendung.

4. Ist ein Teil des Werkes vom Verfasser zwar fertig gestellt, aber an den Verleger nicht abgeliefert worden, sei es auch infolge Annahmeverzuges des Verlegers, so kann dieser die Ablieferung des Teiles behufs Aufrechterhaltung des Vertrages nicht fordern.

5. Dem Verleger ist lediglich eine Befugnis eingeräumt, deren Ausübung von seinem Ermessen abhängt. Nach der Begr. (S. 83) beruht § 34 auf der Erwägung, daß das Recht des Verlegers, in Ansehung des gelieferten Teiles an dem Vertrage festzuhalten, dem mutmaßlichen Willen der Parteien entspreche, und daß in solchem Falle die Veröffentlichung des unvollendeten Werkes dem Ansehen des Verfassers nicht zu nahe trete.

6. Ist der Erbe dem Verleger unbekannt, so darf, vorausgesetzt daß die Unkenntnis nicht auf Fahrlässigkeit beruht, die Zustellung der Erklärung des Verlegers an den Erben gemäß § 132 Abs. 2 BGB. erfolgen. Es handelt sich nicht um eine empfangsbedürftige Willenserklärung (§§ 130--132 BGB.), sie braucht nicht einmal ausdrücklich zu sein.

7. Will der Verleger den Verlagsvertrag nicht gänzlich erlöschen lassen, so steht ihm eine andere als die durch § 34 Abs. 1 gewährte Berechtigung nicht zu. Das Werk durch einen anderen vollenden zu lassen und die Fortsetzung als Bestandteil eines und desselben Werkes mit dem Namen des ursprünglichen Verfassers zu veröffentlichen, ist er nicht befugt. Begr. S. 83.

8. Vgl. § 17 Anm. 4. Die Erklärung, daß die Annahme der Leistung nach dem Ablauf der Frist abgelehnt werde, ist mit der Fristsetzung nicht zu verbinden, da es sich nur um ein Recht des Verlegers, nicht um eine ihm obliegende Leistung handelt. Hat der Verfasser einen Testamentsvollstrecker ernannt, welchem die in §§ 2203—2206 BGB. bestimmten Rechte zustehen, so

kann nur der Testamentsvollstrecker dem Verleger gegenüber die Frist bestimmen.

9. Das Vertragsverhältnis erlischt erst mit dem Fristablauf oder mit der Erklärung des Verfassers, daß er den Vertrag nicht aufrecht erhalten wolle; bis dahin sind die Erben bezüglich des abgelieferten Teiles gebunden. Nach diesem Zeitpunkt ist das Manuskript zurückzugeben.

10. Soweit der Vertrag aufrecht erhalten wird, bleibt auch das Recht auf die Vergütung bestehen; doch wird sie nach Maßgabe der §§ 323, 472, 473 BGB. verhältnismäßig gekürzt. Der überschießende Betrag, oder sofern der Vertrag nicht aufrecht erhalten wird, die ganze Vergütung ist, soweit Zahlung bereits erfolgt ist, von den Erben zurückzuerstatten.

11. Z. B. infolge dauernder körperlicher oder geistiger Erkrankung des Verfassers.

§ 35 [1]).

Bis zum Beginne der Vervielfältigung[2]) ist der Verfasser berechtigt, von dem Verlagsvertrage zurückzutreten[3]), wenn sich Umstände ergeben, die bei dem Abschlusse des Vertrags nicht vorauszusehen waren[4]) und den Verfasser bei Kenntnis der Sachlage und verständiger Würdigung des Falles[5]) von der Herausgabe des Werkes[6]) zurückgehalten haben würden[7]). Ist der Verleger befugt, eine neue Auflage zu veranstalten[8]), so findet für die Auflage diese Vorschrift entsprechende Anwendung[9]).

Erklärt der Verfasser auf Grund der Vorschrift des Abs. 1 den Rücktritt[10]), so ist er dem Verleger zum Ersatze der von diesem gemachten Aufwendungen[11]) verpflichtet. Gibt er innerhalb eines

Jahres seit dem Rücktritte[12]) das Werk anderweit heraus[13]), so ist er zum Schadensersatze wegen Nichterfüllung[14]) verpflichtet; diese Ersatzpflicht tritt nicht ein, wenn der Verfasser dem Verleger den Antrag, den Vertrag nachträglich zur Ausführung zu bringen, gemacht und der Verleger den Antrag nicht angenommen hat[15]).

1. Dem im § 18 dem Verleger eingeräumten Kündigungsrecht entspricht das im § 35 geregelte Recht des Verfassers wegen veränderter Umstände vom Verlagsvertrage zurückzutreten. Das Vorhandensein der sachlichen Voraussetzungen, das Rücktrittsrecht hat im Streitfalle der Verfasser zu erweisen.

2. Vgl. § 5 Anm. 8. Hat die Vervielfältigung auch nur eines Teiles begonnen, so ist damit das Rücktrittsrecht des Verfassers erloschen.

3. Vgl. § 17 Anm. 5.

4. Vorauszusehen sind nur diejenigen Umstände, deren Eintritt der Verfasser gewärtigen durfte und daher bei Abschluß des Vertrages berücksichtigen konnte. Mit entfernten Möglichkeiten braucht der Verfasser nicht zu rechnen. Dagegen genügt der Nachweis, daß der Verfasser die Umstände tatsächlich nicht vorausgesehen hat, für sich allein nicht.

5. Vgl. § 119 Abs. 1 BGB.

6. Umstände, welche in der Person des Verlegers eintreten oder den Verfasser nicht von der Herausgabe des Werkes überhaupt, sondern nur von dem Abschlusse gerade dieses Vertrages zurückgehalten haben würden, kommen für das Rücktrittsrecht nicht in Betracht; dem Verfasser ist also der Rücktritt versagt, wenn der Verleger nach Abschluß des Vertrages eine entehrende Strafe erleidet oder in Vermögesverfall gerät. § 35 findet auch bei der Veranstaltung einer neuen Auflage Anwendung.

7. Solche Umstände sind z. B. Verminderung der Arbeitskraft, Wechsel in den für die Gestaltung des Werkes maßgebenden Anschauungen des Verfassers, Änderung der äußeren Verhältnisse, welche die Vollendung des Werkes erheblich erschwert, neue Erfindungen auf technischem Gebiete, durch welche das bereits vollendete Werk überholt wird.

8. Vgl. § 5 Abs. 1.

9. Die entsprechende Berechtigung des Verlegers geht weiter (§ 17 Abs. 1).

10. Durch den rechtmäßigen Rücktritt wird das Vertragsverhältnis beendigt; der Verleger ist somit verpflichtet, das Manuskript dem Verfasser zurückzugeben, und wenn er des rechtmäßigen Rücktritts ungeachtet das Werk vervielfältigt, so begründet dieses Verhalten den Tatbestand einer Rechtsverletzung im Sinne der §§ 36, 38 Ziff. 1 UG.

11. Nur die zum Zwecke der Ausführung des Vertrages gemachten Aufwendungen kommen in Frage.

12. Der Tag, an dem die Erklärung dem Verleger zugeht, wird in die Frist nicht eingerechnet (§ 187 BGB.).

13. Diese Voraussetzung trifft nur zu, wenn das Werk innerhalb eines Jahres seit dem Rücktritt anderweit erscheint. Abs. 2 Satz 2 wird in der Regel nur dann zur Anwendung zu kommen haben, wenn das neu erscheinende Werk beim Fortbestehen des Vertrages eine Verletzung des Verlagsrechtes bilden würde; er ist aber auch dann zur Anwendung zu bringen, wenn das Werk mit Änderungen erscheint, welche gerade durch diejenigen Umstände veranlaßt worden sind, die den Verfasser zum Rücktritt bestimmt haben, z. B. durch neu gemachte Erfindungen oder Entdeckungen.

14. Den Umfang der Schadensersatzpflicht ergibt § 252 BGB.; es ist also dem Verleger auch der entgangene Gewinn zu ersetzen.

15. Der Verpflichtung des Verfassers, Schadensersatz

zu leisten, ist eine zeitliche Grenze gesetzt, weil die Umstände, auf Grund deren der Rücktritt erklärt worden ist, wiederum eine Veränderung erfahren können Dem Ablaufe der vom Gesetze bestimmten Frist steht indes die Weigerung des Verlegers, auf Grund der nachträglichen Bereitschaft des Verfassers den Vertrag zur Ausführung zu bringen, gleich, und diese Weigerung wird darin gefunden, daß der Verleger den ihm vom Verfasser gemachten Antrag nicht, d. h. nicht innerhalb der aus §§ 147ff. BGB. sich ergebenden Frist, annimmt.

§ 36[1][2].

Wird über das Vermögen des Verlegers der Konkurs eröffnet, so finden die Vorschriften des § 17 der Konkursordnung[3]) auch dann Anwendung[4]), wenn das Werk bereits vor der Eröffnung des Verfahrens abgeliefert worden war[5]).

Besteht der Konkursverwalter auf der Erfüllung des Vertrags, so tritt, wenn er die Rechte des Verlegers auf einen anderen überträgt[6]), diese an Stelle der Konkursmasse in die sich aus dem Vertragsverhältnis ergebenden Verpflichtungen ein[7]). Die Konkursmasse haftet jedoch, wenn der Erwerber die Verpflichtungen nicht erfüllt, für den von dem Erwerber zu ersetzenden Schaden[8]) wie ein Bürge, der auf die Einrede der Vorausklage verzichtet hat[9]). Wird das Konkursverfahren aufgehoben[10]), so sind die aus dieser Haftung sich ergebenden Ansprüche des Verfassers gegen die Masse sicherzustellen[11]).

War zur Zeit der Eröffnung des Verfahrens

mit der Vervielfältigung noch nicht begonnen[12]), so kann der Verfasser von dem Vertrage zurücktreten[13])[14]).

1. § 36 behandelt die Gestaltung des Verlagsverhältnisses im Konkurse des Verlegers. Einer besonderen Regelung für den Fall, daß über das Vermögen des Verfassers der Konkurs eröffnet wird, bedarf es nicht. Hat der Verfasser zur Zeit der Eröffnung des Konkurses über sein Vermögen aus einem Verlagsvertrage Honorar zu fordern, so gehört diese Forderung nach § 1 KO. zur Konkursmasse; steht dem Verleger zur Zeit der Eröffnung des Verfahrens ein Anspruch auf Schadensersatz wegen Nichterfüllung zu, so kann er diesen Anspruch als Konkursforderung geltend machen. Dagegen berührt der Anspruch des Verlegers auf Herstellung des Werkes die Konkursmasse nicht, da es sich um eine rein persönliche Leistung des Verfassers handelt; infolgedessen finden im Konkurs über das Vermögen des Verfassers die Vorschriften der §§ 17ff. KO. auf die Erfüllung des Verlagsvertrages keine Anwendung.

2. Soweit § 36 die Interessen der Konkursgläubiger schützt, enthält er zwingendes Recht. Nichtig sind daher Vereinbarungen die das Wahlrecht des Konkursverwalters zu dessen ungunsten abändern, die das Rücktrittsrecht des Verfassers erweitern und die die Haftung der Konkursmasse im Falle der Übertragung ausdehnen.

3. § 17 KO. lautet:

> Wenn ein zweiseitiger Vertrag zur Zeit der Eröffnung des Konkursverfahrens von dem Gemeinschuldner und von dem anderen Teile nicht oder nicht vollständig erfüllt ist, so kann der Konkursverwalter an Stelle des Gemeinschuldners den Vertrag erfüllen und die Erfüllung von dem anderem Teile verlangen.

Der Verwalter muss auf Erfordern des anderen Teils, auch wenn die Erfüllungszeit noch nicht eingetreten ist, demselben ohne Verzug erklären, ob er die Erfüllung verlangen will. Unterlässt er dies, so kann er auf der Erfüllung nicht bestehen.

4. Das durch § 17 KO. gewährte Wahlrecht steht nur dem Konkursverwalter zu; die Entscheidung des Konkursverwalters, daß er den Verlagsvertrag nicht erfüllen wolle, wirkt aber gegen den Gemeinschuldner, so daß dieser auch für seine Person Erfüllung nicht fordern kann. Vgl. Jur.Woch. 1892 S. 361 Nr. 8; RG. i. Zivils. 41 S. 133. Will der Konkursverwalter nicht erfüllen, so führt dies zwar die Beendigung des Vertragsverhältnisses im Sinne des § 9 Abs. 1 herbei, so daß auch das bereits entstandene Verlagsrecht des Gemeinschuldners erlischt; dagegen liegt darin nicht ein Rücktritt vom Vertrage, und somit tritt eine Aufhebung des Vertragsverhältnisses für die Vergangenheit nicht ein; der Verfasser ist daher nicht verpflichtet, eine empfangene Vergütung zurückzugewähren, und nach § 26 KO. kann er sogar einen Entschädigungsanspruch wegen der Nichterfüllung als Konkursgläubiger geltend machen. Vgl. RG. i. Zivils. 17 S. 80; 26 S. 94; 56 S. 238. Er kann ferner sein Manuskript herausverlangen, dagegen steht ihm ein Anspruch auf die hergestellten Abzüge nicht zu, obschon sie nicht weiter vertrieben werden dürfen. Verlangt der Konkursverwalter Erfüllung (über das Erfordernis der Genehmigung des Gläubigerausschusses vgl. § 133 Ziff. 2 und § 136 KO.), so sind die dem Verfasser aus dem Verlagsvertrage zustehenden Ansprüche Masseschulden im Sinne des § 59 Ziff. 2 KO.; die Rechte der Konkursmasse erstrecken sich in diesem Falle nicht nur auf die bereits veranstalteten, sondern auch auf die weiteren Auflagen, soweit sie Gegenstand des Verlagsvertrages sind.

5. Hat zur Zeit der Eröffnung des Verfahrens ein Teil bereits vollständig erfüllt, so ist § 17 KO. nicht anwendbar. Es kann zweifelhaft sein, ob im Sinn des § 17 KO. die Verpflichtungen des Verfassers durch die Ablieferung des Werkes an den Verleger erschöpft werden, oder ob sie auch die aus § 2 Abs. 1 und aus § 8 sich ergebenden Verbindlichkeiten umfassen. Diese Zweifel löst § 36 Abs. 1, indem er den § 17 KO. für anwendbar erklärt, gleichviel ob vor der Eröffnung des Konkurses das Werk bereits abgeliefert ist oder nicht. Das Wahlrecht des § 17 KO. steht dem Konkursverwalter auch dann noch zu, wenn die Vervielfältigung bereits beendigt ist und die Verbreitung des Werkes begonnen hat; es erlischt erst mit der Beendigung des Vertragsverhältnisses.

6. Die Anwendung des § 36 Abs. 2 setzt voraus, daß die Rechte des Verlegers entweder nach Inhalt des Verlagsvertrages oder nach § 28 Abs. 1 übertragbar sind, d. h. sofern der Vertrag eine gegenteilige Bestimmung nicht enthält, kann der Konkursverwalter durch einen nur über einzelne Werke geschlossenen Vertrag Verlagsrechte, die zur Konkursmasse gehören, nicht ohne Zustimmung des Verfassers auf einen anderen übertragen. Der Gefahr, daß der Konkursverwalter die Verlagsrechte nicht veräußern kann, sondern sie bis zur Beendigung der sämtlichen Vertragsverhältnisse durch Fortsetzung des Verlagsgeschäfts auszunutzen gezwungen ist, wird durch die im § 28 Abs. 1 Satz 3 enthaltene Vorschrift, inhalts deren der Verfasser die Zustimmung zur Veräußerung nur aus einem wichtigen Grunde verweigern darf, vorgebeugt.

7. Die Übertragung der Rechte des Verlegers führt somit kraft gesetzlicher Vorschrift eine Sondernachfolge in die Schuld herbei, welche durch Vereinbarung zwischen dem Konkursverwalter und dem Erwerber weder beseitigt,

noch beschränkt werden kann. Hierin liegt eine bedeutsame Abweichung von derjenigen Veräußerung das Verlagsrechtes, welche sich außerhalb des Konkursverfahrens vollzieht. Der Eintritt des Erwerbers in das Schuldverhältnis hat zur Folge, daß der Verfasser die Erfüllung der Verpflichtungen, welche nach Gesetz oder Vertrag bis zur Eröffnung des Verfahrens dem Gemeinschuldner oblagen und durch Ausübung des Wahlrechts seitens des Konkursverwalters auf die Konkursmasse übergegangen sind, nunmehr nur noch von dem Erwerber fordern darf.

8. Durch die Sondernachfolge scheidet der bisherige Schuldner aus dem Schuldverhältnis aus. Zugunsten des Verfassers wird von dieser Regel in Abs. 1 Satz 2 eine Ausnahme gemacht, freilich nur in Ansehung des Schadens, welchen der Erwerber bei Nichterfüllung der ihm erwachsenen Verpflichtungen zu ersetzen hat; für jeden anderen Anspruch, insbesondere auch den Anspruch auf Erfüllung, haftet ausschließlich der Erwerber. Soweit die Konkursmasse für den Schaden haftet, liegt eine Masseschuld vor.

9. Vgl. §§ 771, 773 Ziff. 1 BGB. Soweit die Konkursmasse den Verfasser wegen des ihm zu ersetzenden Schadens befriedigt, geht die Forderung des Verfassers an den Erwerber auf sie über (§ 774 BGB.).

10. Der Aufhebung (§§ 116, 163ff. KO.) steht die Einstellung des Konkursverfahrens (§§ 202 ff. KO.) gleich.

11. Die Sicherstellung erfolgt nach Maßgabe der §§ 232 ff. BGB.

12. Das Rücktrittsrecht, welches Abs. 3 dem Verfasser einräumt, ist eine Erweiterung der im § 35 Abs. 1 enthaltenen Bestimmung. Es ist davon abhängig, daß die Vervielfältigung noch nicht begonnen hatte, ohne Rücksicht darauf, ob das Werk bereits abgeliefert war oder nicht. Ist mit der Vervielfältigung begonnen worden,

obwohl erst ein Teil des Manuskripts abgeliefert ist, so ist der Rücktritt des Verfassers ausgeschlossen. Wegen des Beginnes der Vervielfältigung vgl. § 5 Anm. 8.

13. Soweit nach Abs. 3 ein Rücktrittsrecht des Verfassers besteht, geht es der Befugnis des Konkursverwalters, die Erfüllung des Verlagsvertrages zu fordern, vor; die in Abs. 1 und 2 enthaltenen Vorschriften finden also nur dann Anwendung, wenn der Verfasser von dem ihm zustehenden Rücktrittsrechte keinen Gebrauch macht. Da auf das Rücktrittsrecht nach § 37 die in §§ 346—356 BGB. enthaltenen Vorschriften entsprechende Anwendung finden, so kann der Verfasser auf dem im § 355 BGB. bezeichneten Wege genötigt werden, sich darüber zu erklären, ob er von dem Vertrage zurücktreten wolle oder nicht. Wenn statt dessen der Verfasser von dem Konkursverwalter eine Erklärung gemäß § 17 Abs. 2 KO. fordert, so gibt der Verfasser zu erkennen, daß er von dem ihm zustehenden Rücktrittsrechte keinen Gebrauch machen will.

14. Die Folgen, welche sich aus dem Rücktritte des Verfassers ergeben, sind in §§ 37, 38 geregelt. An dem Manuskript steht ihm das Aussonderungsrecht des § 43 KO. zu.

§ 37[1]).

Auf das in den §§ 17, 30[2]), 35, 36 bestimmte Rücktrittsrecht[3]) finden die für das vertragsmäßige Rücktrittsrecht geltenden Vorschriften der §§ 346 bis 356 des Bürgerlichen Gesetzbuchs entsprechende Anwendung[4]). Erfolgt der Rücktritt wegen eines Umstandes, den der andere Teil nicht zu vertreten hat[5]), so haftet dieser nur nach den Vorschriften über die Herausgabe einer ungerechtfertigten Bereicherung[6])

1. § 37 wiederholt lediglich die für das gesetzliche Rücktrittsrecht bei gegenseitigen Verträgen im § 327 BGB. enthaltene Vorschrift. Die Wiederholung war geboten, weil die Voraussetzungen, unter denen der Rücktritt vom Verlagsvertrag erfolgen kann, nicht den §§ 325, 326 BGB. entsprechen, sondern selbständig gestaltet sind.

2. Auch auf das in den §§ 31 und 32 bestimmte Rücktrittsrecht.

3. Während die Kündigung den Vertrag nur für die Zukunft aufhebt, erlischt vermöge des Rücktritts das durch den Vertrag begründete Schuldverhältnis auch für die Vergangenheit. Für den Rücktritt vom Verlagsvertrag ist dieser Grundsatz allerdings nicht streng durchgeführt; denn nach § 38 kann trotz des Rücktritts der Vertrag in gewissem Umfang aufrecht erhalten werden.

4. Die §§ 346—356 BGB. lauten:

§ 346. Hat sich in einem Vertrag ein Teil den Rücktritt vorbehalten, so sind die Parteien, wenn der Rücktritt erfolgt, verpflichtet, einander die empfangenen Leistungen zurückzugewähren. Für geleistete Dienste sowie für die Überlassung der Benutzung einer Sache ist der Wert zu vergüten oder, falls in dem Vertrag eine Gegenleistung in Geld bestimmt ist, diese zu entrichten.

§ 347. Der Anspruch auf Schadensersatz wegen Verschlechterung, Unterganges oder einer aus einem anderen Grunde eintretenden Unmöglichkeit der Herausgabe bestimmt sich im Falle des Rücktritts von dem Empfange der Leistung an nach den Vorschriften, welche für das Verhältnis zwischen dem Eigentümer und dem Besitzer von dem Eintritte der Rechtshängigkeit des Eigentumsanspruchs an gelten. Das gleiche gilt von dem Anspruch auf Herausgabe oder Vergütung von Nutzungen und von dem Anspruch auf Ersatz von Verwendungen. Eine Geldsumme ist von der Zeit des Empfanges an zu verzinsen.

§ 348. Die sich aus dem Rücktritt ergebenden Verpflichtungen der Parteien sind Zug um Zug zu erfüllen. Die Vorschriften der §§ 320, 322 finden entsprechende Anwendung.

§ 349. Der Rücktritt erfolgt durch Erklärung gegenüber dem anderen Teile.

§ 350. Der Rücktritt wird nicht dadurch ausgeschlossen, daß der Gegenstand, welchen der Berechtigte empfangen hat, durch Zufall untergegangen ist.

§ 351. Der Rücktritt ist ausgeschlossen, wenn der Berechtigte eine wesentliche Verschlechterung, den Untergang oder die anderweitige Unmöglichkeit der Herausgabe des empfangenen Gegenstandes verschuldet hat. Der Untergang eines erheblichen Teiles steht einer wesentlichen Verschlechterung des Gegenstandes, das von dem Berechtigten nach § 278 zu vertretende Verschulden eines anderen steht dem eigenen Verschulden des Berechtigten gleich.

§ 352. Der Rücktritt ist ausgeschlossen, wenn der Berechtigte die empfangene Sache durch Verarbeitung oder Umbildung in eine Sache anderer Art umgestaltet hat.

§ 353. Hat der Berechtigte den empfangenen Gegenstand oder einen erheblichen Teil des Gegenstandes veräußert oder mit dem Rechte eines Dritten belastet, so ist der Rücktritt ausgeschlossen, wenn bei demjenigen, welcher den Gegenstand infolge der Verfügung erlangt hat, die Voraussetzungen des § 351 oder des § 352 eingetreten sind.

Einer Verfügung des Berechtigten steht eine Verfügung gleich, die im Wege der Zwangsvollstreckung oder der Arrestvollziehung oder durch den Konkursverwalter erfolgt.

§ 354. Kommt der Berechtigte mit der Rückgewähr des empfangenen Gegenstandes oder eines erheblichen Teiles des Gegenstandes in Verzug, so kann ihm der andere Teil eine angemessene Frist mit der Erklärung bestimmen, daß er die Annahme nach dem Ablaufe der Frist ablehne. Der Rücktritt wird unwirksam, wenn nicht die Rückgewähr vor dem Ablaufe der Frist erfolgt.

§ 355. Ist für die Ausübung des Rücktrittsrechts eine Frist nicht vereinbart, so kann dem Berechtigten von dem anderen Teile für die Ausübung eine angemessene Frist bestimmt werden. Das Rücktrittsrecht erlischt, wenn nicht der Rücktritt vor dem Ablaufe der Frist erklärt wird.

§ 356. Sind bei einem Vertrag auf der einen oder der anderen Seite mehrere beteiligt, so kann das Rücktrittsrecht nur von allen und gegen alle ausgeübt werden. Erlischt das Rücktrittsrecht für einen der Berechtigten, so erlischt es auch für die übrigen.

5. Erfolgt der Rücktritt gemäß § 30 oder § 36, so hängt es von den besonderen Umständen des Falles ab, ob der Rücktritt auf einen Verzug oder auf ein sonstiges Verschulden des anderen Teiles zurückzuführen ist; dagegen bildet in den Fällen der §§ 17 und 35 regelmäßig ein von dem anderen Teile nicht zu vertretender Umstand die Ursache des Rücktritts.

6. Vgl. § 818 BGB. Die Herausgabepflicht ist in diesem Falle ausgeschlossen, soweit der Empfänger nicht mehr bereichert ist (§ 818 Abs. 3 BGB.), und wenn Geld zurückzugewähren ist, sind Zinsen erst von dem Eintritte der Rechtshängigkeit an zu entrichten (§ 818 Abs. 4 in Verbindung mit § 291 BGB.).

§ 38.

Wird der Rücktritt von dem Verlagsvertrag erklärt, nachdem das Werk ganz oder zum Teil abgeliefert worden ist[1]), so hängt es von den Umständen ab, ob der Vertrag teilweise aufrecht erhalten bleibt[2]). Es begründet keinen Unterschied, ob der Rücktritt auf Grund des Gesetzes oder eines Vorbehalts im Vertrag[3]) erfolgt.

Im Zweifel bleibt der Vertrag insoweit aufrecht erhalten, als er sich auf die nicht mehr zur Verfügung des Verlegers stehenden Abzüge, auf frühere Abteilungen des Werkes oder auf ältere Auflagen erstreckt[4]).

Soweit der Vertrag aufrecht erhalten bleibt, kann der Verfasser einen entsprechenden Teil der Vergütung verlangen[5]).

Diese Vorschriften finden auch Anwendung, wenn der Vertrag in anderer Weise rückgängig wird[6])[7]).

1. Der aus § 346 BGB. zu entnehmende Grundsatz, daß durch den Rücktritt vom Vertrage das Schuldverhältnis auch für die Vergangenheit erlischt (vgl. § 37 Anm. 2), kommt hiernach nur dann unbedingt zur Anwendung, wenn die Ablieferung des Werkes oder eines Teiles desselben an den Verleger zur Zeit der Rücktrittserklärung noch nicht erfolgt ist.

2. Eine bindende Vorschrift darüber, ob und in welchem Umfange der Vertrag trotz des Rücktritts aufrecht zu erhalten ist, hat das Gesetz — von der in Abs. 2 aufgestellten Vermutung abgesehen — nicht erlassen; im Streitfalle liegt daher die auf Grund der besonderen Umstände des einzelnen Falles zu treffende Entscheidung dem Gericht ob; es wird aus den Umständen der mutmaßliche Wille der Parteien festzustellen sein.

3. Die Gleichstellung des auf Grund gesetzlicher Vorschrift erfolgenden Rücktritts mit dem Rücktritt auf Grund vertragsmäßigen Vorbehalts entspricht dem § 37.

4. Die in Abs. 2 aufgestellte Vermutung ist namentlich im Falle des § 17 von Bedeutung. Tritt der Verfasser

vom Vertrage zurück, weil der Verleger eine neue Auflage nicht veranstalten will, so erstreckt sich der Rücktritt nicht auf die älteren Auflagen, gleichviel in welchem Umfange diese abgesetzt sind. In diesem Falle nähert sich der Rücktritt einer Kündigung, welche den Vertrag nur für die Zukunft aufhebt (vgl. § 37 Anm. 3). Ebenso erstrecken sich die Wirkungen des Rücktritts im Zweifel weder auf die bereits erschienenen Abteilungen des Werkes, noch auf die vom Verleger fest abgesetzten Abzüge.

5. Insoweit der Verfasser mehr erhalten hat, als er hiernach zu beanspruchen hat, ist er zur Zurückgewährung der empfangenen Leistungen verpflichtet.

6. Z. B. durch Unmöglichkeit der Erfüllung (§§ 275, 279 BGB.), durch den Eintritt einer dem Verlagsvertrage hinzugefügten auflösenden Bedingung (§ 158 Abs. 2 BGB.), durch Erlaßvertrag (§ 397 BGB.), oder durch Rücktritt auf Grund des § 39 Abs. 2.

7. Ist der Rücktritt vom Vertrage erklärt, so können Ansprüche aus einer Vertragsverletzung, selbst wenn sie vor dem Rücktritt geltend gemacht sind, nur insoweit noch geltend gemacht werden, als sie sich gegen den gemäß § 38 aufrechterhaltenen Teil des Vertrages gerichtet haben. Dagegen bleiben Ansprüche aus einer Urheberrechtsverletzung bestehen.

§ 39.

Soll Gegenstand des Vertrags ein Werk sein, an dem ein Urheberrecht nicht besteht[1])[2]), so ist der Verfasser zur Verschaffung des Verlagsrechts nicht verpflichtet[3]).

Verschweigt der Verfasser arglistig, daß das Werk bereits anderweit in Verlag gegeben oder veröffentlicht worden ist[4]), so finden die Vorschriften des bürgerlichen Rechtes, welche für die dem Verkäufer wegen eines Mangels im Rechte obliegende Gewährleistungspflicht gelten[5]), entsprechende Anwendung[6]).

Der Verfasser hat sich der Vervielfältigung und Verbreitung des Werkes gemäß den Vorschriften des § 2 in gleicher Weise zu enthalten, wie wenn an dem Werke ein Urheberrecht bestände[7]). Diese Beschränkung fällt weg, wenn seit der Veröffentlichung des Werkes durch den Verleger sechs Monate abgelaufen sind[8]).

1. In §§ 39, 40 werden die Rechte und Pflichten des Verfassers und des Verlegers für den Fall geregelt, daß nach der Absicht der Beteiligten, insbesondere auch des Verlegers, ein dem Urheberrecht nicht unterliegendes Werk in Verlag gegeben wird. Darüber, daß im übrigen durch den Mangel des Urheberrechtes auf seiten des Verfassers weder die Wirksamkeit des Verlagsvertrages berührt, noch die Verpflichtung des Verfassers zur Verschaffung des Verlagsrechtes beseitigt wird, vgl. § 8 Anm. 3.

2. Ob ein Urheberrecht an dem Werke niemals bestanden hat oder ob die Schutzfrist bereits abgelaufen ist, kommt für die Anwendung des § 39 nicht in Betracht.

3. Wenn der Verfasser nicht verpflichtet ist, dem Verleger das ausschließliche Recht zur Vervielfältigung und Verbreitung zu verschaffen, so kann der Verleger aus der Nichtbeschaffung des Verlagsrechtes keinerlei Rechte herleiten.

4. Das Gesetz macht den Verfasser nicht dafür haftbar, daß das Werk nicht bereits anderweit in Verlag

gegeben oder veröffentlicht worden ist; nur wenn der Verfasser von dem Abschluß eines anderweitigen Verlagsvertrages über das Werk oder von dessen anderweitiger Veröffentlichung, sei es auch nur durch öffentlichen Vortrag, unterrichtet ist, so darf er diese für die Entschließung des Verlegers erhebliche Tatsache nicht verschweigen, wenn er sich nicht dem Vorwurfe der Arglist aussetzen will, er müßte denn nachweisen können, daß er im gegebenen Falle der Ansicht sein durfte, daß die verschwiegene Tatsache für die Entschließung des Verlegers unerheblich sein würde.

5. Vgl. §§ 440, 442 BGB. Nach den dort in Bezug genommenen Vorschriften der §§ 320—327 BGB. ist der Verleger nicht nur befugt, die ihm obliegende Leistung zu verweigern (§ 320 BGB.), sondern auch Schadensersatz wegen Nichterfüllung zu fordern oder vom Vertrage zurückzutreten (§§ 325, 326 BGB.).

6. War dem Verfasser nicht bekannt, daß das Werk bereits anderweit in Verlag gegeben oder veröffentlicht worden ist, so bleibt der Verlagsvertrag in Kraft; doch kann im einzelnen Falle die Vorschrift des § 18 Platz greifen.

7. Nach § 2 hat sich der Verfasser während der Dauer des Vertragsverhältnisses der Vervielfältigung und Verbreitung nur insoweit zu enthalten, als diese einem Dritten während der Dauer des Urheberrechts untersagt ist. Hiernach würde im Falle des § 39 Abs. 1 der Verfasser — ebenso wie jeder Dritte — zur anderweitigen Vervielfältigung und Verbreitung des in Verlag gegebenen Werkes befugt sein. Dieses Recht wird ihm durch Abs. 3 Satz 1 entzogen, weil es im Sinne des Vertrages liegt, „daß der Verfasser nicht mit dem Verleger bezüglich des Werkes in einen gegen Treu und Glauben verst ßenden Wettbewerb tritt". Begr. S. 87. Handelt der Verfasser dem in Abs. 3 Satz 1 enthaltenen Gebote zuwider, so liegt zwar keine Rechtsverletzung im Sinne

der §§ 36 ff. UG., wohl aber eine zum Schadensersatze verpflichtende unerlaubte Handlung vor. Der Verfasser kann auch die Unterlassung der Vervielfältigung und Verbreitung fordern.

8. Die Verpflichtung des Verfassers, sich der Vervielfältigung und Verbreitung des Werkes zu enthalten, ist auf den in Abs. 3 Satz 2 bestimmten Zeitraum beschränkt, weil es im Hinblick auf die jedem Dritten erwachsende Möglichkeit, alsbald nach der Veröffentlichung des Werkes einen weiteren Abdruck vorzunehmen, „zur Wahrung der Interessen des Verlegers vollständig genügt, wenn dem Verfasser eine anderweitige Vervielfältigung und Verbreitung des Werkes nur bis zur Veröffentlichung und noch kurze Zeit nachher untersagt wird“. Begr. S. 87.

§ 40.

Im Falle des § 39 verbleibt dem Verleger die Befugnis, das von ihm veröffentlichte Werk gleich jedem Dritten von neuem unverändert oder mit Änderungen zu vervielfältigen[1]). Diese Vorschrift findet keine Anwendung, wenn nach dem Vertrage die Herstellung neuer Auflagen oder weiterer Abzüge von der Zahlung einer besonderen Vergütung abhängig ist[2])[3]).

1. Die berechtigten Interessen des Verfassers, welcher ein nicht schutzberechtigtes Werk in Verlag gegeben hat, sind gewahrt, wenn der Verleger die Vervielfältigung und Verbreitung gemäß § 14 bewirkt und die etwa vereinbarte Vergütung zahlt. Ist das Werk vertragsmäßig verbreitet worden, so ist der Verleger, wie jeder Dritte, befugt, weitere Abzüge herstellen zu lassen oder weitere Auflagen zu veranstalten, und für die nicht auf Grund des Verlagsvertrages hergestellten Abzüge oder

Auflagen fällt die im § 13 den Rechten des Verlegers gezogene Schranke fort. Unzulässig ist die Verbreitung weiterer Abzüge, insofern sie der vertragsmäßigen Verbreitung Konkurrenz macht und den ordnungsmäßigen Vertrieb, zu dem der Verleger verpflichtet ist, schädigt.

2. Die nach § 40 Satz 1 dem Verleger zustehende Befugnis kann durch den Verlagsvertrag aufgehoben oder beschränkt werden; sie ist im Falle des § 40 Satz 2 in vollem Umfang als ausgeschlossen zu erachten. Der Verleger, welcher bei Veranstaltung neuer Auflagen dem Verfasser eine besondere Vergütung zu gewähren hat, ist somit auch nicht befugt, das Werk anderweitig in veränderter Form herauszugeben.

3. Satz 2 findet auch dann Anwendung, wenn sich die Höhe der Vergütung nach dem Absatz richtet.

§ 41 [1].

Werden für eine Zeitung, eine Zeitschrift oder ein sonstiges periodisches Sammelwerk [2]) Beiträge zur Veröffentlichung angenommen [3]), so finden die Vorschriften dieses Gesetzes Anwendung [4]), soweit sich nicht aus den §§ 42 bis 46 ein anderes ergibt [5]).

1. Die §§ 41—46 enthalten Sondervorschriften über Beiträge, welche für Zeitungen, Zeitschriften oder sonstige periodische Sammelwerke angenommen werden. Der Annahme eines solchen Beitrags kann ein Verlagsvertrag zugrunde liegen, welcher für den Verleger die Verpflichtung zur Veröffentlichung des Beitrags, für den Verfasser die aus §§ 2 und 8 sich ergebenden Verbindlichkeiten begründet. Will dagegen der Verfasser nur die Erlaubnis zur Veröffentlichung gewähren, so daß weder der Verleger ein ausschließliches Recht erlangen, noch der Verfasser an der

anderweitigen Vervielfältigung und Verbreitung gehindert werden soll, so liegt ein Verlagsvertrag im Sinne des § 1 nicht vor, und wenn in den §§ 41—46 auch dieses Rechtsverhältnis geregelt wird, so greift das Gesetz hiermit über den aus seiner Überschrift sich ergebenden Rahmen hinaus.

2. Gleichviel ob die einzelnen Nummern, Blätter, Hefte oder Abteilungen in gleichen oder ungleichen Zeitabschnitten erscheinen. Periodische Sammelwerke, wie Kalender, Taschenbücher u. dgl., erscheinen häufig in ein- oder mehrjährigen Zeitabschnitten. Ob eine Druckschrift als Zeitung oder als Zeitschrift anzusehen ist, ist nur nach der Lage des einzelnen Falles zu entscheiden; festumrissene Begriffsbestimmungen lassen sich nicht aufstellen; im allgemeinen wird man eine Druckschrift dann als Zeitung ansehen müssen, wenn sie sich wesentlich mit den Tagesneuigkeiten und dem Nachrichtendienst befaßt; Zeitschriften dagegen bringen im wesentlichen Artikel belehrenden oder unterhaltenden Inhalts, die von Tagesstimmungen weniger abhängig sind.

3. Bei Zeitungen und Zeitschriften erfolgt die Annahme meist durch den Herausgeber oder Redakteur. Inwieweit durch dessen Willenserklärung der Verleger verpflichtet wird, richtet sich nach Inhalt und Umfang der dem Herausgeber oder Redakteur vom Verleger erteilten Vertretungsmacht.

4. Also auch dann, wenn der Annahme des Beitrags ein Verlagsvertrag im Sinne des § 1 nicht zugrunde liegt. Zu den Vorschriften, welche bei Annahme von Beiträgen für Zeitungen, Zeitschriften oder sonstige periodische Sammelwerke Anwendung finden, gehören auch §§ 22—24, da die §§ 42—46 eine anderweitige Regelung der Honorarfrage nicht enthalten.

5. Durch die in §§ 42—46 enthaltenen Sondervorschriften wird die Anwendung der sonstigen Normen des Gesetzes mit Bezug auf die Annahme von Beiträgen der

im § 41 bezeichneten Art eingeschränkt, und zwar enthält § 42 eine Abweichung von §§ 2, 3, während § 43 die Vorschriften der §§ 5—7 und 20 modifiziert. § 44 erweitert die Rechte des Verlegers gegenüber der entsprechenden Vorschrift des § 13; § 45 gewährt dem Verfasser ein eigentümliches Kündigungsrecht, und § 46 enthält Abweichungen von §§ 25, 26.

§ 42.

Sofern nicht aus den Umständen zu entnehmen ist[1])[2]), daß der Verleger das ausschließliche Recht zur Vervielfältigung und Verbreitung erhalten soll, verbleibt dem Verfasser die anderweitige Verfügung über den Beitrag[3]).

Über einen Beitrag, für welchen der Verleger das ausschließliche Recht zur Vervielfältigung und Verbreitung erhalten hat[4]), darf der Verfasser anderweit verfügen, wenn seit dem Ablaufe des Kalenderjahrs, in welchem der Beitrag erschienen ist, ein Jahr verstrichen ist[5]). Ist der Beitrag für eine Zeitung geliefert, so steht diese Befugnis dem Verfasser alsbald nach dem Erscheinen[6]) zu[7]).

1. Die bloße Einsendung des Beitrags an eine Zeitung, eine Zeitschrift oder ein sonstiges periodisches Sammelwerk begründet somit nicht die Annahme, daß dem Verleger das ausschließende Recht übertragen werde oder daß der Verfasser sich einer anderen Beschränkung seines Urheberrechts unterwerfen wolle als derjenigen, welche in der Erlaubnis zur Veröffentlichung des Beitrags zu finden ist. Dies gilt nicht nur für vermischte Nachrichten tatsächlichen Inhalts und Tagesneuigkeiten, welche nach § 18

Abs. 3 UG. aus Zeitungen und Zeitschriften stets abgedruckt werden dürfen, sondern auch für Ausarbeitungen wissenschaftlichen, technischen oder unterhaltenden Inhalts, deren anderweitiger Abdruck ohne Einwilligung des Berechtigten nach § 18 Abs. 2 UG. unzulässig ist.

2. Die vom Gesetz aufgestellte Vermutung für das freie Verfügungsrecht des Verfassers über die angenommenen Beiträge wird nur dadurch ausgeschlossen, daß die gegenteilige Absicht der Beteiligten aus den Umständen zu entnehmen ist. Diese Umstände sind vom Verleger, welcher das ausschließliche Recht zur Vervielfältigung und Verbreitung für sich in Anspruch nimmt, zu erweisen. Wenn es für Beiträge gewisser Art der allgemeinen Verkehrssitte entspricht, daß mit der Überlassung an ein periodisches Sammelwerk ein ausschließliches Recht übertragen wird, oder wenn eine Zeitschrift nach ihren allgemein bekannten Bedingungen für die ihr überlassenen Beiträge ein ausschließliches Recht in Anspruch nimmt, so verbleibt dem Verfasser die anderweitige Verfügung über den Beitrag nicht. Das Umgekehrte ist im Zweifel bei einem Beitrage der Fall, dessen Abdruck gemäß § 18 Abs. 3 UG. statthaft ist.

3. Die anderweitige Verfügung besteht häufig darin, daß der Beitrag gleichzeitig auch anderen Zeitungen oder Zeitschriften zur Veröffentlichung überlassen wird.

4. Abs. 2 bezieht sich nur auf den Fall, daß dem Verleger ein ausschließliches Recht an dem Beitrag eingeräumt worden ist. Für diesen Fall enthält Abs. 2 eine bedeutsame Abweichung von der Vorschrift des § 2 und eine Erweiterung der im § 3 enthaltenen Sondervorschrift, welche sich nur auf nicht periodische Sammelwerke erstreckt.

5. Bei nicht periodischen Sammelwerken steht dieses Recht dem Verfasser nur dann zu, wenn er Vergütung für den Beitrag nicht zu beanspruchen hat. Bei perio-

dischen Sammelwerken pflegt sich der Absatz auf einen kurzen Zeitraum nach dem Erscheinen zu beschränken, weil nach Verlauf eines gewissen Zeitabschnitts eine andere Nummer, ein anderes Heft oder ein anderer Jahrgang erscheint. „Der Vertrieb des Sammelwerkes wird deshalb durch einen anderweitigen Abdruck des einzelnen Beitrags jedenfalls dann nicht beeinträchtigt, wenn der Abdruck erst eine gewisse Zeit nach dem Erscheinen des Sammelwerkes erfolgt." Begr. S. 89.

6. Vgl. Anm. 5 zu § 3.

7. Für Zeitungen dauert hiernach — sofern der Verleger überhaupt ein ausschließliches Recht erlangt hat — die durch Annahme des gelieferten Beitrags herbeigeführte Beschränkung des Urheberrechts nur bis zum Erscheinen des Beitrags. Ist der Beitrag einmal erschienen, so steht dem Verfasser die anderweitige Verfügung unbeschränkt zu. Diese Regelung beruht auf der Erwägung, daß für den Zeitungsverleger jedes Interesse an einem Zeitungsartikel aufhört, sobald dieser einmal in seiner Zeitung veröffentlicht ist, KomBer. S. 56.

§ 43.

Der Verleger ist in der Zahl der von dem Sammelwerke herzustellenden Abzüge[1]), die den Beitrag enthalten, nicht beschränkt[2]). Die Vorschrift des § 20 Abs. 1 Satz 2 findet keine Anwendung[3]).

1. Eine Sonderausgabe des Beitrags oder einzelner Beiträge darf der Verleger nach § 4, der auch für periodische Sammelwerke, insbesondere für die periodische Presse gilt, ohne Einwilligung des Verfassers nicht veranstalten. Begr. S. 89; KomBer. S. 58. Der Zeitungsverleger, welcher einen Roman zur Veröffentlichung angenommen hat, darf somit, auch wenn er

das ausschließliche Recht zur Vervielfältigung und Verbreitung erhalten hat, eine Buchausgabe des Romans nicht veranstalten; diese Befugnis verbleibt dem Verfasser nach Maßgabe des § 42 Abs. 2 Satz 2.

2. Da periodische Sammelwerke nicht in Auflagen erscheinen, sondern sofort in der nötigen Zahl gedruckt und etwaige Neudrucke jedenfalls unverändert hergestellt werden (Begr. S. 89), so kommt für den Verleger jede Beschränkung mit Bezug auf die Zahl der herzustellenden Abzüge in Wegfall. Daraus ergibt sich, daß die §§ 5—7, 16, 17 auf das zwischen dem Verfasser und dem Verleger eines periodischen Sammelwerkes bestehende Rechtsverhältnis keine Anwendung finden.

3. Der Verleger hat somit nicht nur für die Korrektur, sondern auch für die etwa erforderliche Revision zu sorgen.

§ 44.

Soll der Beitrag ohne den Namen des Verfassers[1]) erscheinen[2]), so ist der Verleger befugt, an der Fassung[3]) solche Änderungen vorzunehmen, welche bei Sammelwerken derselben Art üblich sind[4]).

1. Für Beiträge, welche unter dem Namen des Verfassers erscheinen, wird die Zulässigkeit der Vornahme von Änderungen durch § 13 Abs. 2 begrenzt. In etwas weiterem Umfange sind, selbst für Beiträge, die in einer Zeitung erscheinen sollen, Änderungen nur gestattet, wenn in der Veröffentlichung der Name des Verfassers oder ein Pseudonym, unter dem er bekannt ist, nicht genannt wird.

2. Nach dem Willen des Verfassers; der Verleger darf den Namen des Verfassers nicht gegen dessen Willen fortlassen.

3. Es sind also Kürzungen, Verbesserungen, sprachliche Ungenauigkeiten, Streichung von Fremdwörtern, Milderung zu starker Ausdrücke usw. zulässig. Dagegen darf der Sinn niemals geändert werden.

4. Der Verleger einer Zeitung kann sich also auf eine bei ihm herrschende Gepflogenheit nicht berufen, wenn sie nicht auch sonst bei Zeitungen üblich ist.

§ 45[1]).

Wird der Beitrag nicht innerhalb eines Jahres nach der Ablieferung[2]) an den Verleger veröffentlicht, so kann der Verfasser das Vertragsverhältnis kündigen[3]). Der Anspruch auf die Vergütung[4]) bleibt unberührt.

Ein Anspruch auf Vervielfältigung und Verbreitung des Beitrags oder auf Schadensersatz wegen Nichterfüllung steht dem Verfasser nur zu, wenn ihm der Zeitpunkt, in welchem der Beitrag erscheinen soll, von dem Verleger bezeichnet worden ist[5]).

1. Aus § 45 ergibt sich, welche Rechte dem Verfasser zustehen, wenn die Veröffentlichung des angenommenen Beitrags über Gebühr verzögert wird. Solange die Annahme des eingesandten Beitrags nicht erfolgt ist, darf der Verfasser den abgelieferten Beitrag jederzeit zurückziehen; ein Vertragsverhältnis, von dessen Kündigung Abs. 1 handelt, wird erst dadurch begründet, daß der Verleger den ihm überlassenen Beitrag zur Veröffentlichung annimmt.

2. Der Beginn der Frist wird also nicht durch die Annahme des Beitrags bestimmt. Ist erst nach Verlauf eines halben Jahres seit der Ablieferung des Artikels dem Verfasser mitgeteilt worden, sein Beitrag werde ange-

nommen, so läuft die im § 45 Abs. 1 bezeichnete Frist bereits ein halbes Jahr nach Annahme des Beitrags ab.

3. Die Kündigung hat zur Folge, daß das Vertragsverhältnis nur für die Zukunft aufgehoben wird und die durch den Vertrag erworbenen Rechte, insbesondere der etwaige Anspruch auf die Vergütung (Abs. 1 Satz 2), bestehen bleiben. Verwertet der Verfasser seinen Beitrag nach Kündigung des Vertragsverhältnisses anderweit, so wird der ihm einmal erwachsene Anspruch auf die Vergütung hiervon nicht berührt; eine Anrechnung des von dem zweiten Verleger zu zahlenden Honorars findet nicht statt. KomBer. S. 61.

4. Falls eine solche vereinbart ist oder als stillschweigend vereinbart gilt (§ 22).

5. Die hier getroffene Regelung entspricht den Vorschriften des § 32, so daß auf die dortigen Erläuterungen verwiesen werden kann. Ob der Zeitpunkt, in welchem der Beitrag erscheinen soll, bei dessen Annahme oder erst später vom Verleger bezeichnet worden ist, begründet keinen Unterschied. Die Bestimmung wird auch dann Anwendung finden müssen, wenn der Verfasser bei Übersendung des Beitrages eine Frist zum Abdruck bestimmt und der Verleger den Abdruck übernommen hat, ohne gegen die Frist Einspruch zu erheben.

§ 46.

Erscheint der Beitrag in einer Zeitung, so kann der Verfasser Freiexemplare nicht verlangen[1].

Der Verleger ist nicht verpflichtet, dem Verfasser Abzüge zum Buchhändlerpreise zu überlassen[2].

1. Die Anwendung des § 25 auf den Zeitungsverlag ist ausgeschlossen, weil namentlich größere Zeitungen täglich eine sehr große Anzahl von Beiträgen bringen, die von ebensoviel verschiedenen Verfassern herrühren,

und hiernach die Übersendung von Freiexemplaren an jeden Verfasser schwer durchführbar ist. Nur den Verfassern größerer Beiträge pflegen bei Zeitungen Freiexemplare zugesendet zu werden. KomBer. S. 61. Auch auf ein Belagsexemplare hat der Verfasser keinen Anspruch. Mit Bezug auf Beiträge für andere periodische Sammelwerke, insbesondere für Zeitschriften, findet dagegen § 25 uneingeschränkt Anwendung, und zwar dergestalt, daß nach § 25 Abs. 4 Sonderabzüge des Beitrags als Freiexemplare geliefert werden dürfen.

2. Die Anwendung des § 26 ist trotz der zweideutigen Gesetzesfassung nicht nur für den Zeitungsverlag, sondern auch für den Verlag von Zeitschriften und anderen periodischen Sammelwerken ausgeschlossen.

§ 47.

Übernimmt[1]) jemand die Herstellung eines Werkes[2]) nach einem Plane, in welchem ihm der Besteller den Inhalt des Werkes sowie die Art und Weise der Behandlung genau vorschreibt, so ist der Besteller im Zweifel[3]) zur Vervielfältigung und Verbreitung nicht verpflichtet[4]).

Das gleiche gilt[5]), wenn sich die Tätigkeit auf die Mitarbeit an enzyklopädischen Unternehmungen[6]) oder auf Hilfs- oder Nebenarbeiten für das Werk eines anderen[7]) oder für ein Sammelwerk[8]) beschränkt.

1. Die Sondervorschrift des § 47 Abs. 1 gilt nur für solche „Veröffentlichungen, die sich nicht nur in gewerblicher, sondern auch in literarischer Hinsicht als ein von dem Verleger ausgehendes Werk darstellen“, bei denen der Schriftsteller nur „als Organ für die

literarische Ausführung" dient. Voraussetzung ist daher, daß der Verleger den Plan nicht nur im allgemeinen angibt, etwa nur den Zweck des Werkes dem Verfasser mitteilt, sondern daß er den Plan in allen Einzelheiten ausarbeitet, so daß der Verfasser im wesentlichen nur die Form zu geben, vielleicht auch Quellen, Literaturnachweise u. dgl. selbständig einzufügen hat. Immerhin entsteht durch diese Tätigkeit das Urheberrecht, da es an die Form geknüpft ist, für den Verfasser; inwieweit es auf den Besteller übergeht, läßt sich nur nach Lage des einzelnen Falles entscheiden.

2. § 47 kann also auf einen Vertrag über ein bereits vollendetes Werk niemals Anwendung finden.

3. D. h. wenn nicht aus dem Inhalte des Vertrages oder aus sonstigen Umständen sich etwas anderes ergibt.

4. Der Vertrag ist also kein Verlagsvertrag (vgl. § 1 Anm. 1); darum finden die Bestimmungen des Gesetzes auf ihn überhaupt keine Anwendung; vielmehr liegt ein Werkvertrag nach den Bestimmungen der §§ 631—651 BGB. vor. Der Verleger ist in der Verfügung über das Werk, insbesondere auch der Vornahme von Abänderungen. Art der Verwendung, Veranstaltung, von Übersetzungen und Umarbeitungen vertraglich unbeschränkt; die Schranken, die ihm das Urheberrecht des Verfassers setzt, bestimmen sich danach, ob und inwieweit eine Übertragung des Urheberrechts auf ihn stattgefunden hat; doch wird bei Übertragung des Urheberrechts auf ihn in der Regel anzunehmen sein, daß der Verleger an die Beschränkung des § 9 UG. nicht gebunden ist.

5. Im Falle des Abs. 2 braucht es sich nicht um ein „auch in literarischer Hinsicht" vom Verleger ausgehendes Werk zu handeln.

6. Enzyklopädien sind eine Unterart des Sammelwerks (§ 2 Anm. 15); sie bezwecken die Umfassung eines oder mehrerer ganzer Wissensgebiete.

7. Z. B. die Herstellung des Registers.

8. D. h. solche Sammelwerke, die nicht Enzyklopädien sind. Auf diese findet, soweit nicht Hilfs- oder Nebenarbeiten in Frage kommen, gemäß § 3 das Gesetz Anwendung.

§ 48.

Die Vorschriften dieses Gesetzes[1]) finden auch dann Anwendung, wenn derjenige, welcher mit dem Verleger den Vertrag abschließt, nicht der Verfasser ist[2]).

1. Hierher gehören auch die für den Verlag von Zeitungen, Zeitschriften und sonstigen periodischen Sammelwerken geltenden Sondervorschriften der §§ 42—46.

2 Vgl § 1 Anm. 4. Wer mit dem Verleger den Vertrag abschließt, ist hiernach insbesondere verpflichtet, dem Verleger das Verlagsrecht zu verschaffen (§ 8), und wenn er diese Verpflichtung nicht zu erfüllen vermag, bestimmen sich die Rechte des Verlegers nach §§ 320—327 BGB. Vgl. § 8 Anm. 3. Steht das Urheberrecht einem Dritten zu, der zur Überlassung des Verlagsrechts nicht bereit ist, so ist der Vertrag auch dann nichtig, wenn der Verleger diese Umstände kannte; denn die Ausführung des Vertrages würde gegen das UG. verstoßen.

§ 49[1]).

In bürgerlichen Rechtsstreitigkeiten, in welchen durch Klage oder Widerklage[2]) ein Anspruch auf Grund der Vorschriften dieses Gesetzes geltend gemacht ist, wird die Verhandlung und Entscheidung letzter Instanz im Sinne des § 8 des Einführungsgesetzes zum Gerichtsverfassungsgesetze dem Reichsgerichte zugewiesen.

1. § 8 EG. zum GVG. bestimmt, daß in einem Bundesstaate, in welchem mehrere Oberlandesgerichte errichtet sind, die zur Zuständigkeit des Reichsgerichts gehören, Revisionen und Beschwerden einem obersten Landesgericht überwiesen werden können. Im Interesse einer einheitlichen Rechtsprechung ist diese Bestimmung für das Gebiet des Verlagsgesetzes aufgehoben, so daß auch die in Bayern verhandelten Sachen in letzter Instanz zur Zuständigkeit des Reichsgerichts gehören.

2. Wenn der Beklagte nicht Widerklage erhebt, sondern nur Aufrechnung der aus einem Verlagsvertrag entspringenden Gegenforderung geltend macht, ist § 49 nicht anwendbar.

§ 50[1].

Dieses Gesetz tritt am 1 Januar 1902 in Kraft[2].

1. Vgl. § 64 Satz 1 UG.

2. Mit Bezug auf die zeitliche Anwendbarkeit des Gesetzes im Verhältnisse zum bisherigen Rechte findet die im Art. 170 EG. zum BGB. enthaltene Norm entsprechende Anwendung. Somit bleiben, wenn der Verlagsvertrag vor dem 1. Januar 1902 geschlossen ist, für das durch den Verlagsvertrag begründete Rechtsverhältnis die bisherigen Gesetze maßgebend. Der Umstand, daß der Verfasser oder der Verleger von einem ihm nach den bisherigen Gesetzen zustehenden Kündigungs- oder Rücktrittsrechte keinen Gebrauch macht, schließt die Anwendung der bisherigen Gesetze nicht aus.

Urkundlich unter Unserer Höchsteigenhändigen Unterschrift und beigedrucktem Kaiserlichen Insiegel.

Gegeben an Bord M. Y. „Hohenzollern", Cuxhaven, den 19. Juni 1901.

Wilhelm.

(L. S.)

Graf von Bülow.

Sachregister.

(Die Zahlen bedeuten die Seiten.)

A.

Druck von A. W. Hayn's Erben, Potsdam.

Guttentag'sche Sammlung

Deutscher Reichsgesetze.

Text-Ausgaben mit Anmerkungen. Taschenformat.

---

1. **Verfassung des Deutschen Reichs.** Von Dr. **L. von Rönne.** 9. Aufl. von Landrat **P. von Rönne.** 1904. Mit Abänderungen vom Mai 1906. 2 M. 40 Pf.
2. **Strafgesetzbuch** für das Deutsche Reich. Von Dr. **H. Rüdorff.** 23. Aufl. bearbeitet von Prof. Dr. **Fr. v. Liszt** und Dr. **Ernst Delaquis.** 1910. 1 M. 80 Pf.
3. **Militärstrafgerichtsordnung** nebst Einführungsgesetz Von Wirkl. Geheimen Kriegsrat Dr. jur. **A. Romen** u. Kriegsgerichtsrat Dr. jur. **Carl Rissom.** 1910. 6 M.
4. **Handelsgesetzbuch vom 10. Mai 1897 unter Ausschluß des Seerechts.** 14. Aufl. herausgegeben von Geh. Justizrat Prof. Dr. **A. Mosse.** Im Druck.
5. **Wechselordnung vom 3. Juni 1908.** Kommentar von Justizrat Dr. **J. Stranz** und Rechtsanwalt Dr. **M. Stranz,** und das **Wechselstempelsteuergesetz** vom 15. Juli 1909 von Geh. Regierungsrat **P. Loeck.** 10. Aufl. 1909. 3 M.

5a. **Wechselstempelsteuergesetz** apart. 10. Aufl. 1 M. 25 Pf.

6. **Reichsgewerbeordnung** nebst Ausführungsbestimmungen. Von **Berger** und **Wilhelmi.** 18. veränderte und sehr vermehrte Auflage von Stadtrat Dr. **Karl Flesch** in Verbindung mit Dr. **Friedr. Hiller** u. Dr. **Herm. Luppe.** 1910. 4 M.

Ergänzungsband: Preußische Ausführungsanweisung. 1904. 2 M.

7. Post- und Telegraphen-Gesetzgebung. Nebst Weltpostvertrag und internationalem Telegraphenvertrag. 6. Aufl. von Geh. Ober-Postrat Dr. M. König. 1908. 4 M.

8. Die Reichsgesetze über den Unterstützungswohnsitz, die Freizügigkeit, den Erwerb und Verlust der Bundes- und Staatsangehörigkeit. Von Geheimrat Dr. J. Krech, Mitglied d. Bundesamtes für das Heimatwesen. 7. Aufl. Mit Anhang: Gesetz für Elsaß-Lothringen v. 1909. 1908. 3 M.

9. Sammlung kleinerer strafrechtlicher Reichsgesetze. Von Dr. N. H. Kriegsmann, Privatdozent in Kiel. 3. Aufl. 1910. 4 M.

10. Das Reichsbeamtengesetz von J. Pieper. 2. Aufl. 1901. 4 M. 50 Pf.

— Gesetz von 1907 siehe Nr. 82.

11. Zivilprozeßordnung mit Gerichtsverfassungsgesetz in den neuesten Fassungen. Von R. Sydow. Fortgeführt von L. Busch. 13. Aufl. mit Novelle betr. Zuständigkeit des Reichsgerichts v. 22. V. 1910. 8°. 1910. 7 M.

Die Novelle (als Anhang der 12. Aufl.) enth. das Gesetz v. 22. V. 1910. 25 Pf.

12. **Strafprozeßordnung und Gerichtsverfassungsgesetz nebst den Gesetzen, betr. die Entschädigung der im Wiederaufnahmeverfahren freigesprochenen Personen und die Entschädigung für unschuldig erlittene Untersuchungshaft.** Von Dr. **A. Hellweg,** Reichsgerichtsrat. 15. Aufl. 1908. 2 M.

13. **Konkursordnung und Anfechtungsgesetz.** Von **R. Sydow.** Fortgeführt von **L. Busch.** 10. Aufl. 1906. 2 M. 25 Pf.

14. **Gerichtsverfassungsgesetz** mit Einführungsgesetz. Herausgegeben von **R. Sydow.** Fortgeführt von **L. Busch.** 9. Aufl. 1905. Mit Nachtrag v. 1. VI. 1909. 1 M. 50 Pf.

15. **Das Deutsche Gerichtskostengesetz nebst den Gebührenordnungen für Gerichtsvollzieher, Zeugen und Sachverständige.** Von **R. Sydow.** Weiter bearbeitet von **L. Busch.** 8. Aufl. 1907. Mit Nachtrag v. 1. VI. 1909. 2 M.

16. **Rechtsanwaltsordnung.** Von **R. Sydow.** 5. Aufl. von Justizrat **M. Jacobsohn.** 1907. Mit Ergänzungen vom 22. V. 1910. 1 M. 20 Pf.

17. **Die Deutsche Gebührenordnung für Rechtsanwälte und das Preußische Gebührengesetz vom 27. September / 6. Oktober 1899.** Von **R. Sydow.** Fortgeführt von **L. Busch.** 9. Aufl. 1910. 2 M.

18. **Reichsstempelgesetz (Börsensteuer, Frachturkunde, Kraftfahrzeuge, Personenfahrkarte, Tantieme für Aufsichtsratsmitglieder).** Vom 15. Juli 1909. Von **P. Loeck,** Geh. Regierungsrat. 10. Aufl. 1910. 8°. 6 M.

19. Die **Seegesetzgebung.** Von Dr. **W. E. Knitschky.** 4. Aufl. bearbeitet von Oberlandesgerichtsrat **Otto Rudorff** in Hamburg. 1908. Mit Anhang vom Januar und Juli 1909. 6 M.

20. **Krankenversicherungsgesetz.** Von weil. Dr. **E. von Woedtke.** 11. Aufl. von Geh. Reg.-Rat Dr. **G. Eucken-Addenhausen.** 1905. 3 M.

21. Die **Konsulargesetzgebung.** Von Professor Dr. **Ph. Zorn.** 2. Aufl. 1901. 3 M.

22. **Patentgesetz.** Nebst Ausführungsbestimmungen, völkerrechtlichen Verträgen und der Patentanwalts-Ordnung. 7. Aufl. bearbeitet von **R. Lutter,** Geh. Reg.-Rat im Kaiserl. Patentamt. 1908. 2 M. 80 Pf.

23. **Gewerbe-Unfallversicherungsgesetz.** Von weil. Dr. **E. v. Woedtke.** 9. Aufl. von **Franz Caspar,** Direktor im Reichsamt des Innern. 1907. 2 M. 50 Pf.

24. **Aktiengesellschaft und Kommanditgesellschaften auf Aktien.** Von Justizrat Dr. **H. Veit Simon** und Amtsrichter **L. Keyssner.** 1911. 6. Aufl. Im Druck.

25. **Brausteuergesetz** vom 15. Juli 1909. Von **A. Dükke**, Oberzollrevisor. 2. Aufl. 1909. 3 M.

26. Die Reichsgesetzgebung über **Münz- und Notenbankwesen**, Papiergeld, Prämienpapiere und Reichsschulden. Von Dr. jur. **R. Koch**, Präsident des Reichsbankdirektoriums. 6. Aufl. 1910. 4 M.

27. Die Gesetzgebung, betr. das **Gesundheitswesen** im Deutschen Reich. Von Dr. jur. **C. Goesch** und Dr. med. **J. Karsten**. 1888. 1 M. 60 Pf.

28. **Bau-Unfallversicherungsgesetz**. Vom 30. Juni 1900. Von **R. Chrzescinski**, Kaiserl. Regierungsrat. 3. Aufl. 1900. 2 M.

29. **Erwerbs- und Wirtschaftsgenossenschaften**. Von **L. Parisius** und Dr. **H. Crüger**. 13. Aufl. von Dr. **H. Crüger**. 1910. 1 M. 50 Pf.

30. **Invalidenversicherungsgesetz** vom 13. Juli 1899. Von weil. Dr. **E. v. Woedtke**. 10. Aufl. von Regierungsrat **H. Follmann**. 1906. 4 M.
Siehe auch Handausgabe von Freund Seite 24.

31. **Gewerbegerichtsgesetz**. Von Stadtrat **L. Mugdan**. 6. Aufl. bearbeitet von **W. Cuno**, Erstem Bürgermeister zu Hagen i. W. 1906. 2 M. 20 Pf.

32. Reichsgesetz, betr. die **Gesellschaften mit beschränkter Haftung**. Von **L. Parisius** und Dr. **H. Crüger**. 11. Aufl. von Dr. **H. Crüger**. 1910. 1 M. 40 Pf.

33. **Vereins- und Versammlungsrecht.** Von Dr. **E. Ball.** 2. Aufl. von Dr. **F. Friedenthal.** 1907. 2 M. 50 Pf.
Reichs-Vereinsgesetz vom 19. April 1908 vide Nr. 88.

34. Die **Abzahlungsgeschäfte.** Gesetz vom 16. Mai 1894. 3. vermehrte Aufl. besorgt von Dr. **E. Wilke,** Landgerichtsrat. 1910. 1 M. 25 Pf.

35. Die **Reichs-Eisenbahngesetzgebung.** Von **W. Coermann,** Kaiserl. Amtsrichter. 1895. 2 M. 25 Pf.

36. Gesetze, betr. die **privatrechtlichen Verhältnisse der Binnenschiffahrt und der Flößerei.** Von **E. Löwe,** Landgerichtsrat. 4. Aufl. 1909. 3 M.

37. Gesetz gegen den **unlauteren Wettbewerb.** Von Justizrat **Pinner.** 5. Auflage. 1910. 1 M. 25 Pf.

38/39. **Bürgerliches Gesetzbuch nebst Einführungsgesetz** von Dr. **A. Achilles.** In Verbindung mit Professor Dr. **André,** Kammergerichtsrat **Ritgen,** Reichsgerichtsrat **Strecker,** Ministerialrat Dr. **Unzner** herausgegeben von Geh. Ober-Justizrat **Greiff.** 6. Aufl. 8°. 1909. 6 M. 50 Pf.

40. Gesetz, betr. die **Pflichten der Kaufleute bei Aufbewahrung fremder Wertpapiere (Depotgesetz).** Mit Erläuterungen. Von **F. Lusensky,** Geh. Ober-Regierungsrat. 2. Aufl. 1905. 1 M.

41. **Börsengesetz.** In der Fassung der Novelle vom 8. Mai 1908. 2. Aufl. Von Wirkl. Geh. Ob.-Regierungsrat **Th. Hemptenmacher,** Staatskommissar an der Berliner Börse. 1908. 2 M.

42. **Grundbuchordnung nebst den preußischen Ausführungsbestimmungen.** Mit Einleitung. Von Prof. Dr. **O. Fischer.** 5. Aufl. 1909. 2 M.

43. **Zwangsvollstreckung in das unbewegliche Vermögen** im Reiche und in Preußen. Mit Einleitung, Kosten- und Gebührentabellen. Von Dr. **J. Krech,** Kaiserl. Geh. Regierungsrat und Professor Dr. **O. Fischer.** 6. Aufl. 1910. 2 M.

44. Das Reichsgesetz über das **Auswanderungswesen** vom 9. Juni 1897. Von Professor Dr. **Felix Stoerk.** 1899. 2 M. 25 Pf.

45. Das **Entmündigungsrecht** unter Berücksichtigung der für Preußen geltenden Vorschriften nebst der preußischen Justiz-Ministerial-Verfügung vom 28. November 1899. Von Landgerichtsrat Dr. **P. Koll** in Cöln. 1900. 1 M. 50 Pf.

46. Die Gesetze des Reiches und Preußens über die **freiwillige Gerichtsbarkeit.** Von **Herm. Jastrow,** Amtsgerichtsrat. 4. Aufl. 1906. 3 M.

47. **Das deutsche Vormundschaftsrecht** und **das preuß. Gesetz** über die Fürsorgeerziehung Minderjähriger nebst den dazu gehörigen preußischen Nebengesetzen. Von **Max Schultzenstein**, Oberverwaltungsgerichtsrat und Amtsgerichtsrat Dr. **Paul Köhne.** 2. Aufl. 1901. 3 M.

48. Gesetze und Verordnungen, betr. den **Drogen-, Gift- und Farbenhandel** außerhalb der Apotheken. Von Dr. **Broh**, Rechtsanwalt. 1899. 1 M. 25 Pf.

49. Deutsche **Kolonialgesetzgebung.** Von Professor Dr. **Philipp Zorn.** 1901. 4 M. 50 Pf.

50. Der **Viehkauf** (Viehgewährschaft) nach dem Bürgerlichen Gesetzbuche. Nebst Verordn. betr. die Hauptmängel und Gewährsfristen beim Viehhandel. Von Rechtsanwalt Dr. **H. Stölzle** und Königl. Kreistierarzt **H. Weiskopf.** 4. Aufl. 1908. 4 M.

51. **Hypothekenbankgesetz** vom 13. Juli 1899. Von Dr. **H. Göppert.** 2. Aufl. Bearbeitet v. Geh. Reg.-Rt. Dr. **Seidel.** 1910. 2 M. 40 Pf.

52. **Gesetz,** betreffend die gemeinsamen **Rechte der Besitzer von Schuldverschreibungen.** Von Dr. **Heinrich Göppert.** 1900. 2 M.

53. **Reichspreßgesetz** vom 7. Mai 1874. Kommentar von **A. Born,** Polizeiassessor. 1900. 1 M. 50 Pf.

54. **Die Reichsgesetzgebung über den Verkehr mit Nahrungsmitteln, Genußmitteln und Gebrauchsgegenständen.** Von Dr. **Georg Lebbin,** Nahrungsmittelchemiker. 1900. 2 M. 25 Pf.

55. **Das Recht der Beschlagnahme von Lohn- und Gehaltsforderungen.** Von Justizrat **Georg Meyer.** 4. Aufl. 1910. 2 M. 60 Pf.

56. Gesetz, betr. die **Bekämpfung gemeingefährlicher Krankheiten.** Nebst Ausführungsbestimmungen. Von Dr. **Bruno Burkhardt,** Regierungsrat, Mitglied des Kais. Gesundheitsamts. 1900. 1 M. 40 Pf.

57. **See-Unfallversicherungsgesetz.** Von **Dr. Max Mittelstein,** Oberlandesgerichtsrat in Hamburg. 1901. 2 M.

58. **Das Recht der unehelichen Kinder** nach dem BGB. Von **Hermann Jastrow,** Amtsg.-Rat. 1901. 1 M. 80 Pf.

59. Reichsgesetz über die **Beurkundung des Personenstandes und die Eheschließung.** Von Dr. **F. Fidler,** Amtgerichtsrat. 1901. 1 M. 80 Pf.

60. Gesetz, betreffend das **Urheberrecht an Werken der Literatur und der Tonkunst** in der Fassung vom 22. V. 1910. Von Oberlandesgerichtsrat **Otto Lindemann.** 3. Aufl. 1910. 1 M. 60 Pf.

61. Gesetz über das **Verlagsrecht.** Von Justizrat **E. Heinitz.** 2. Aufl. Bearbeitet v. Rechtsanwalt Dr. **Marwitz.** 1911. 1 M. 80 Pf.

62. Ges. über **private Versicherungsunternehmungen.** Von **H. Könige,** Reichsgerichtsrat. 2. Aufl. 1910. 4 M. 20 Pf.

63. **Gesetzestafel des Deutschen Reichsrechts.** Systematisch geordnete Nachweisung des z. Z. geltenden Reichsrechts. Ergänzungsband zu der Guttentag'schen Sammlung Deutscher Reichsgesetze. Von **Hugo Bruhns,** Syndikus. 1902. 8°. 2 M. 50 Pf.

64. Gesetzsammlung betr. den **Handel mit Drogen und Giften.** Reichsgesetzl. Bestimmungen und Anhang mit den landesgesetzl. Verordnungen sämtlicher Bundesstaaten. Von Rechtsanwalt **H. Sonnenfeld,** Syndik. d. Berl. Drogisten-Innung. 1902. 3 M.

65. Das **Weingesetz** in der Fassung v. 1909. Mit Ausführungsbestimmungen von Dr. **Georg Lebbin,** Handels- u. Gerichtschemiker. 2. Aufl. 1909. 2 M. 50 Pf.

66. Die **Eisenbahn-Gesetzgebung.** Von **W. Pietsch,** Rechnungsrat im Reichs-Eisenbahn-Amt. 2. Aufl. 1910. Im Druck.

67. **Militär-Strafgesetzbuch.** Von Romen u. Rißom. In Vorbereitung.

68. **Das Fleischbeschaugesetz.** Vom 3. Juni 1900. Von Dr. **Georg Lebbin,** Gerichtschemiker und Rechtsanwalt Dr. **Georg Baum.** 1903. 4 M.

69. **Reichsgesetz über die Naturalleistungen der bewaffneten Macht im Frieden** nebst den in Preußen geltenden Bestimmungen. Von Regierungsassessor Dr. **Walter v. Hippel.** 1903. 1 M. 25 Pf.

70. **Das Reichs-Haftpflichtgesetz,** vom 7. Juni 1871. Von Regierungsrat Dr. **G. Eger.** 1903. Preis 3 M.

71. **Kinderarbeit in gewerblichen Betrieben,** v. 30. März 1903. Von **H. Spangenberg,** Oberverwaltungsgerichtsrat. 2. Aufl. 1904. 1 M. 60 Pf.

72. **Unfallversicherungsgesetz für Land- und Forstwirtschaft** von weil. Dr. **E. von Woedtke,** fortgesetzt von **Alfred Radtke,** Geh. Regierungsrat und Senatspräs. im Reichsversicherungsamt. 2. Aufl. 1904. 4 M. 50 Pf.

73. **Entschädigung für unschuldig erlittene Verhaftung und Bestrafung.** Nebst Anhang, enth. die dazu gehörigen Nebengesetze über Schadensersatz. Von Dr jur. **A. Romen,** Wirkl. Geh. Kriegsrat. 1904. 2 M.

74. Die **Kaufmannsgerichte** nebst den preuß. Ausführungsbestimmungen. Von Prof. Dr. **Max Apt,** 3. Aufl. 1905. 2 M.

75. Reichsgesetz über die **Konsulargerichtsbarkeit.** Von Dr. jur. **A. F. Vorwerk,** Rechtsanwalt in Schanghai. 2. Ausgabe, mit dem Schutzgebietsgesetz und der Ausführungsverordnung, betr. die Rechtsverhältnisse in den Schutzgebieten. 1908. 2 M.

76. **Die Rechtshilfe im Verkehr mit den ordentlichen Gerichten nach deutschem Reichsrecht.** Von Landrichter Dr. **A. Friedländer.** 1906. 1 M. 80 Pf.

77. **Das Reichserbschaftssteuergesetz.** Vom 3. Juni 1906. Von **Ulrich Hoffmann,** Rechnungsrat im Kgl. Preuß. Finanzministerium. 2. Aufl. 1911. 5 M.

78. **Zigarettensteuergesetz.** Vom 15. Juli 1909. Von Dr. **Cuno,** Regierungsassessor. 2. Aufl. 1909. Im Druck, nach Erlaß der sämtl. Ausf.=Best.

79. **Die Militärpensionsgesetze** vom 31. Mai 1906 nebst Ausführungsbestimmungen. Zum Gebrauch für Heer, Marine und Schutztruppe von Dr. jur. **A. Romen,** Wirklicher Geheimer Kriegsrat.

a) I. Teil: Offizierpensionsgesetz. 1907. 3 M. 50 Pf.

b) II. Teil: Mannschaftsversorgungsgesetz. 1908. 3 M. 50 Pf.

80. **Reichsgesetzgebung über gerichtliche Registerführung.** Von **Otto Lindemann,** Landrichter. 1906. 3 M.

81. Gesetz, betr. **Urheberrecht an Werken der bildenden Künste und der Photographie.** Von Dr. **Ludw. Fuld,** Rechtsanwalt. 1907. 1 M.

82. **Reichsbeamtengesetz** in der Fassung vom 18. Mai 1907 und seine Ergänzungen von Geheimrat Professor Dr. **Ad. Arndt.** 1908. 3 M.

83. Reichsgesetz über **den Versicherungsvertrag** nebst Einführungsgesetz. Von Dr. **Paul Hager** und Dr. **E. Bruck.** 2. vermehrte u. verbess. Aufl. 1910. 5 M.

84. **Sammlung kleinerer privatrechtlicher Reichsgesetze** von Landrichter **Georg Müller.** 1908. 6 M. 50 Pf.

85. **Scheckgesetz** mit Einleitung usw. Von Prof. Dr. **Max Apt.** 5. Aufl. Mit Postscheckordnung v. 6. XI. 1908 und im Anhang „Besteuerung des Schecks". 1909. 2 M.

Postscheckordnung vom 6. XI. 08. Apart mit Erläuterungen u. Ausführungsbestimmungen. (30 Pf.)

86. **Die Auslieferungsverträge des Deutschen Reiches** von Landrichter **A. Cohn.** 1908. 4 M.

87. Gesetz zum **Schutz der Warenbezeichnungen.** Von Geh. Reg.-Rat, Mitgl. des Patentamts Dr. **Freund** u. Rechtsanwalt **Magnus.** 5. Aufl. 1909. 3 M. 50 Pf.

88. **Vereinsgesetz** vom 19. April 1908. Von Dr. jur. **A. Romen,** Wirkl. Geh. Kriegsrat. 2. Aufl. 1908. 1 M. 50 Pf.

89. **Vogelschutzgesetz** vom 30. Mai 1908 nebst den das Flugwild betr Bestimmungen der Preußischen Jagdordnung von Dr. jur. **Leo von Boxberger.** 1908. 1 M.

90. Die Haager Abkommen über das **Internationale Privatrecht** von Dr. **G. A. E. Bogeng.** 1908. 2 M. 20 Pf.

91. **Eisenbahn-Verkehrsordnung** vom 23. Dez. 1908. Mit Ausführungsbestimmungen. Von Regierungsassessor bei der Eisenbahndirektion Breslau Dr. **Ernst Blume.** 1909. 2 M. 50 Pf.

92. Gesetz, betr. den **Verkehr mit Kraftfahrzeugen.** Von Amtsrichter **R. Kirchner. 2. Ausgabe** ergänzt durch die Bundesratsverordnung v. 3. Febr. 1910 u. das Internationale Uebereinkommen v. 11. Okt. 1909. 1910. 3 M.

93. Gesetz über die **Sicherung der Bauforderungen** von Justizrat Dr. **E. Harnier.** 2. Aufl. 1909. 1 M. 30 Pf.

94. **Haftpflicht der Reichs- und Staats-Beamten** v. Dr. **H. Delius.** 2. Aufl. 1909. Mit dem Nachtrag, betr. das Gesetz über die Haftung des Reichs für seine Beamten v. 22. Mai 1910. 3 M. 50 Pf.

95. Die Berner Uebereinkunft über **internationales Urheberrecht** von Dr. **Herm. Dungs,** vortrag. Rat im Reichsjustizamt. 1910. 1 M.

96. **Branntweinsteuergesetz** vom 15. Juli 1909. Unter Berücksichtigung der für das Reich erlassenen Ausführungsbestimmungen. Von Geh. Reg. Rat **Johs. Nay,** vortrag. Rat im Reichsschatzamt. 1910. 3 M. 50 Pf.

97. **Schutzgebietsgesetz** nebst der Verordnung betr. die Rechtsverhältnisse in den Schutzgebieten, dem Gesetz über die Konsulargerichtsbarkeit sowie den Ausführungsbest. u. ergänz. Vorschriften. Von **Johs. Gerstmeyer,** Wirkl. Legationsrat u. Vortrag. Rat im Reichskolonialamt. 1910. 3 M.

98. **Sechs Haager Abkommen über Internationales Privatrecht.** Von Dr. **Herm. Dungs,** vortrag. Rat im Reichs-Justizamt. 1910. 1 M. 50 Pf.

99. **Die Abkommen der Haager Friedenskonferenz** von Dr. jur. **Hans Wehberg.** 1910. 3 M.

100. Gesetz über den **Absatz von Kalisalzen.** Von Geh. Bergrat **Carl Voelkel.** 1910. 2 M. 40 Pf.

Guttentag'sche Sammlung

Preußischer Gesetze.

Text-Ausgaben mit Anmerkungen. Taschenformat.

---

1. **Die Verfassungs-Urkunde** für den Preußischen Staat. Mit Einleitung, vollständigem Kommentar. Von Prof. Dr. **Adolf Arndt.** 6. Aufl. 1907. 3 M.

2. Preußische **Beamten-Gesetzgebung.** Enthaltend die wichtigsten Beamtengesetze in Preußen. Von **C. Pfafferoth.** 4., neubearb. Aufl. 1905. Mit Anhang: Abänderung vom 27. Mai 1907. 2 M.

3. **Die Aufnahme des Nottestaments** durch die bestellten Urkundspersonen. Anweisung mit Musterbeispielen und Abriß des Erbrechts von Amtsgerichtsrat **C. Kurtz.** 1904. 1 M. 50 Pf.

4. **Gebührenordnung** für **Notare vom** 25. Juli 1910. 4. Aufl. bearbeitet von Justizrat **Rausnitz.** 1910. 2 M. 20 Pf.

5. **Gesetz vom 24. April 1854 (betr. die außerehel. Schwängerung).** Von **Dr. Schulze.** 1873. 75 Pf. **Gültiges Recht siehe: Reichsgesetze Nr.** 58.

6. Die Preuß. **Ausführungsgesetze und Verordnungen zu den Reichs-Justizgesetzen.** Von **R. Sydow.** 3. vermehrte Aufl. 1895. 2 M. 40 Pf. S. Seite 23. **Busch-Eylau, Ausführungsgesetze.**

7. **Allg. Gerichtsordnung** und Preuß. **Konkursordnung.** Von **F. Vierhaus.** Vergriffen.

8. **Vormundschaftsordnung.** Von **F. Schultzenstein.** Gültiges Recht siehe: Reichsgesetze Nr. 47.

9. Die **Preußische Grundbuchgesetzgebung.** Von Prof. Dr. **Fischer.** Vergriffen. Siehe: Reichsgesetze Nr. 42.

10. **Einkommensteuergesetz.** Von **A. Fernow,** Geh. Ober-Finanzrat. 7. Aufl. 1908/9. Mit Nachtrag v. 22. III. u. 26. V. 09. 3 M. 25 Pf.

11. **Gewerbesteuergesetz.** Von **A. Fernow,** Geh. Ober-Finanzrat. 5., vermehrte Aufl. 1910. 3 M.

12. **Allgemeines Berggesetz** für die Preußischen Staaten vom 24. Juni 1865. Von **W. Westhoff** und **W. Schlüter.** 2. Aufl. 1907. Mit Nachtrag v. 1909. 5 M.

13. **Ergänzungssteuergesetz** (Vermögenssteuergesetz). Von **A. Fernow,** Geh. Ober-Finanzrat. 4. vermehrte Aufl. 1907. 2 M. 40 Pf.

14. **Kommunalabgabengesetz. Vom 14. Juli 1893 und Gesetz wegen Aufhebung direkter Staatssteuern. Von Dr. F. Adickes, Oberbürgermeister.** 4. Aufl. 1906. 1 M. 50 Pf.

15. Die **Kreisordnungen** für den Preußischen Staat. Von **O. Kolisch,** Landgerichtsrat. 1894. 4 M.

16. **Konzessionierung gewerblicher Anlagen.** Preuß. Ausführungs-Anweisung zu §§ 16 u. ff. der Gewerbe-Ordnung. Von Dr. **W. v. Rüdiger,** Geh. Regierungs- u. Gewerberat. 2. Aufl. 1901. 2 M.

17. **Preußisches Gerichtskostengesetz.** Vom 25. Juli 1910. **Mit Kostentabellen** **Von** Dr. **P. Siméon,** Kammergerichtsrat. 6. Aufl. 1910. 3 M. 60 Pf.

18. **Preußisches Stempelsteuergesetz vom** 30. Juni 1909. **Mit Ausführungsbestimmungen und Tabellen. Von P. Loeck,** Geh. Regierungsrat. 6. **Aufl.** mit Anhang. 8°. 1907/09. 6 M.

19. **Das Jagdscheingesetz.** Mit ausführlichen Erläuterungen. **Von F. Kunze,** Wirklichem Geh. Ober-Regierungsrat. 2. **Aufl.** 1899. 2 M.

20. **Die preußischen Erbschaftssteuergesetze.** Unter Berücksichtigung der Novelle vom 31. Juli 1895. **Von U. Hoffmann,** Rechnungsrat im Königl. preuß. Finanzministerium. 1905. 4 M. (**Reichs**-Erbschaftssteuergesetz s. **Reichsgesetze** Nr. 77).

21. **Gesetz über die Handelskammern. Von F. Lusensky,** Geh. Regierungsrat. 2. Aufl. 1909. 3 M.

22. **Gesetz, betr. Anstellung und Versorgung der Kommunalbeamten. Von** Dr. **W. Ledermann,** Magistratsassessor zu Berlin. 1899. 1 M. 25 Pf.

23. **Ausführungsgesetz zum Bürgerlichen Gesetzbuche.** Von Kammergerichtsrat Dr. **P. Siméon.** 2. **Aufl.** 1905. 1 M. 80 Pf.

24. **Die Hinterlegungsordnung** in der Fassung des Ausführungsgesetzes z. BGB. v. 20. Sept. 1899 nebst Ausführungsbestimmungen. Von Regierungsrat Dr. **Georg Bartels.** 2. Aufl. 1908. 2 M.

25. **Preußische Kommunalbeamtengesetzgebung.** Von Magistr.-Assess. Dr. **Fr. Kremski**, Berlin. 1901. 3 M.

26. **Gesetze über das Diensteinkommen der Lehrer und Lehrerinnen, Ruhegehalt und Fürsorge für Hinterbliebene.** Tabelle zur Berechnung der Ruhegehalts-, Witwen- u. Waisenbezüge. Von Dr. **Ed. Cremer**, Beigeordneter. 1900. 2 M. 40 Pf.

27. **Gesetz**, betreffend die **Warenhaussteuer.** Von Geh. Ober-Finanzrat Dr. **G. Strutz.** 1900. 1 M. 20 Pf.

28. **Gesetz über die Fürsorgeerziehung Minderjähriger.** Von Landgerichtsdirektor Dr. **P. F. Aschrott.** 2. umgearbeitete Aufl. 1907. 2 M. 80 Pf.

29. **Gesetz**, betr. **die ärztlichen Ehrengerichte, das Umlagerecht und die Kassen der Aerztekammern.** Von Amtsgerichtsrat Dr. **F. Fidler.** 1901. 1 M. 50 Pf.

30. **Das Preußische Staatsschuldbuch und Reichsschuldbuch.** Von Wirkl. Geh. Ober-Finanzrat **J. Mücke**, 1902. 2 M.

31a. **Die geltenden Preußischen Gesindeordnungen.** Herausgegeben in zwei Bänden von **Stephan Gerhard**, Rechtsanwalt in Berlin. 1902.

Band I: Gesindeordnung für die altpreußischen Provinzen vom 8. XI. 1810, mit Erläuterungen unter Berücksichtigung der Ergänzungsgesetze und der Rechtsverhältnisse der Gesindevermieter, sowie die Gesindeordnungen für Neuvorpommern und Rügen und für die Rheinprovinz. 2 M. 50 Pf

31b. **Band II:** Gesindeordnungen für Hannover, Schleswig-Holstein, Hessen-Nassau und den Regierungsbezirk Hohenzollern. 2 M. 50 Pf.
Siehe auch Seite 24: Ratgeber von Grieben.

32. **Die Städteordnung für die sechs östlichen Provinzen Preußens** vom 30. Mai 1853. Von **Dr. jur. Walter Ledermann,** Magistrats-Assessor zu Berlin. 8°. 1902. 6 M.

33. **Rentenguts- und Anerbenrechts-Gesetzgebung in Preußen.** Von Landgerichtsrat **M. Peltasohn** und Rechtsanwalt **Bruno Peltasohn.** 1903. 3 M.

34. Sammlung der wichtigsten **preußischen Strafgesetze** nebst Anhang: Gesetz betr. polizeiliche Strafverfügungen vom 23. April 1883. Von **Otto Lindemann,** Oberlandesgerichtsrat. 1903. 2 M. 50 Pf.

35. **Geschäftsordnung für Gerichtsvollzieher.** Gerichtsvollzieherordnung und Gebührensätze von Amtsgerichtssekretär **Emil Exner.** 1904. 3 M. 50 Pf.

36. **Polizeiverordnungen in Preußen.** Von **Otto Lindemann,** Landrichter. 1904. 1 M. 50 Pf.

37. **Gesetz über die Enteignung von Grundeigentum** vom 11. Juni 1874. Von Oberlandesgerichtsrat **O. Meyer.** 1905. 2 M.

38. **Kreis- und Provinzial-Abgabengesetz.** Vom 23. April 1906. Von **Fr. Schmidt,** Gemeindevorsteher. 1906. 1 M. 25 Pf.

39. **Gesetz** betr. die **Unterhaltung der öff. Volksschulen.** Von **Dr. A. Marcks,** Reg.=Rat. 1906. 2 M.

40. **Verwaltungsstrafverfahren** bei Zuwiderhandlungen gegen die Zollgesetze und indirekte Reichs= und Landesabgaben, sowie die Bestimmungen über die Schlacht= und Wildpretsteuer vom 26. Juli 1897. Von **Dr. Richard Katzenstein,** Gerichtsassessor. 1907. 3 M. 60 Pf.

41. Die **preußischen Jagdpolizeigesetze.** Von **Fr. Kunze,** Wirkl. Geh. Oberregierungsrat und **R. Kühnemann,** Rechtsanwalt. 2. Aufl. 1907. 3 M. 60 Pf.

42. Die Gesetzgebung über die **Allgemeine Landesverwaltung** und über die **Zuständigkeit der Verwaltungs= und Verwaltungsgerichtsbehörden.** Von Rechtsanwalt **Dr. Karl Friedrichs.** 1908. 3 M.

43. **Gesetz** betr. die **Zulassung einer Verschuldungsgrenze** für land= und forstwirtschaftlich benutzte Grundstücke v. 20. August 1906 nebst Ausführungsvorschriften. Von Dr. jur. **R. Leweck,** Syndikus der Ostpreuß. Landschaft. 1908. . 2 M. 40 Pf.

44. **Quellenschutzgesetz** vom 14. Mai 1908 nebst den Ausführungsbestimmungen von **Carl Voelkel,** Geheimer Bergrat. 1909. 1 M.

45. **Rechtsverhältnisse der Juden in Preußen** von Dr. jur. et rer. pol. **Max Kollenscher,** Rechtsanwalt. 1910. 2 M. 40 Pf.

Guttentag'sche Sammlung von Text-Ausgaben mit Sachregister ohne Anmerkungen.

Taschenformat, elegant in Leinen gebunden.

Reichs-Justizgesetze: Gerichtsverfassungsgesetz. Zivilprozeßordnung. Konkursordnung. Strafprozeßordnung. 2. Aufl. In einem Bande 3 M. 80 Pf.

Zivilprozeßordnung mit **Gerichtsverfassungsgesetz** und **Einführungsgesetzen.** Neue Fassung von 1909 mit Ergänzungen v. 22. Mai 1910. 2 M.

Konkursordnung mit **Einführungsgesetz.** 80 Pf.

Bürgerliches Gesetzbuch nebst **Einführungsgesetz.** 10. Abdruck. 2 M. 50 Pf.

Handelsgesetzbuch nebst **Einführungsgesetz** u. **Seerecht.** 8. Abdruck. 1910. 1 M. 80 Pf.

Ausführungsanweisung zur Gewerbeordnung vom 1. Mai 1904 nebst der preuß. technischen Anleitung. 2 M.

Militärstrafgerichtsordnung nebst **Einführungsgesetz** u. Ges., betr. Dienstvergehen der richterlichen Militärjustizbeamten u. unfreiwillige Versetzung derselben usw. **Militär-Strafgesetzbuch** *) mit Abdruck der entsprechenden Bestimmungen des Reichs-Strafgesetzbuchs. 2. Aufl. 1 M. 50 Pf. *) Ist auch einzeln zu haben. Preis 1 Mk.

Wechselordnung in der Fassung der Bekanntmachung v. 3. Juni 1908. Mit Anhang: **Wechselprozeß und Ausführungsanweisung.** 1908. 1 M.

Die Preußischen Ausführungsgesetze zum Bürgerlichen Gesetzbuche und Nebengesetze. Text-Ausgabe ohne Anmerkungen. 5. Aufl. Taschenformat. Geb. in ganz Leinen Preis 1 M. 80 Pf.

Reichsfinanzgesetze v. 15. Juli 1909 einschließlich der **Reichsstempelgesetze** u. des **Erbschaftssteuergesetzes.** 1909. Geb. in ganz Leinen. 2 M.

Guttentag'sche Sammlung von Text-Ausgaben mit Sachregister ohne Anmerkungen.

Die Preußischen Ausführungsgesetze, Verordnungen und ministeriellen Verfügungen zu dem Bürgerlichen Gesetzbuche und den Reichs-Justizgesetzen nebst anderen zugehörigen Gesetzen. Von **L. Busch.** 2. Aufl. von Landrichter **O. Eylau.** 8°. Preis geb. 4 M. 50 Pf.

Preußische Bürgerliche Gesetzsammlung. Sammlung der noch geltenden Landesgesetze privatrechtlichen Inhalts. Herausgegeben von den Gerichtsassessoren **D. Fischer** und **Dr. F. Schroeder.** 8°. 2 Bände Preis geb. in ganz Leinen 20 M.

Erster Band: **Das Allgemeine Landrecht mit den Einführungs-Patenten.** Preis 6 M.

Zweiter Band: **Gesetze von 1773—1902.** Preis 14 M.

Preußisches Baupolizeirecht. Mit Kommentar der Baupolizeiverordnung für die Vororte von Berlin. Vom 28. Mai 1907. Von Gemeinde-Baurat **Carl Saß,** Königlichen Reg.-Baumeister a. D. Preis 6 M.

Straßen- und Baufluchtliniengesetz. Kommentar für den praktischen Gebrauch mit zeichnerischen Darstellungen von Gemeindebaurat **Karl Saß,** Kgl. Regierungsbaumeister a. D. 8°. Preis kartoniert 3 M.

Fluchtliniengesetz. — Das Gesetz, betreffend die **Anlegung** und **Veränderung** von Straßen und Plätzen in Städten und ländlichen Ortschaften vom 2. Juli 1875. Des Kommentars von weil. Oberverwaltungsgerichtsrat R. Friedrichs. Sechste, völlig neubearbeitete Auflage. Von Senatspräsident Dr. jur. Hugo von Strauß und Torney. 1910. Im Druck.

Invalidenversicherungsgesetz vom 13. Juli 1899. Handausgabe mit Anmerkungen herausgegeben von Dr. Richard Freund, Vorsitzendem der Landes-Versicherungsanstalt Berlin. 3 Aufl. geb. 5 M.

Wie leitet man eine Versammlung? Geschäftlicher Handweiser für Vorsitzende. Von einem Mitgliede des deutschen Reichstages und des preußischen Abgeordnetenhauses. 2. Aufl. 1908. kart. 1 M.

Praktischer Ratgeber für Dienstherrschaften nach dem Preuß. Gesinderecht unter Berücksichtigung der neueren Entscheidungen bearbeitet von H. Grieben, Verwaltungsdir. a. D. u. Bürgermeister. 1908. 1 M.

Das Recht der Handlungsgehilfen und Handlungslehrlinge. Von Rechtsanwalt Hugo Horrwitz. 2. Aufl. 1905. (203 S.) Geb. in Leinen 3 M.

Die Registratur. 2. Auflage. 1906. Von Hermann Kollrack, Kgl. Polizeisekretär am Berliner Polizeipräsidium. 8°. (84 S.) Kart. 1 M. 40 Pf.

Die Pflichten des Waisenrates. Ein praktischer Leitfaden für Waisenräte und Verwaltungsbeamte. Von F. Baum, Geh. Justizrat und Vormundschaftsrichter. Achte vermehrte und verbesserte Auflage. 1906. 8°. (46 S.) 60 Pf.

Der Vormund, Gegenvormund, Pfleger u. Familienrat. Nach dem Bürgerlichen Gesetzbuch, dem Reichsgesetz über die Angelegenheiten der freiwilligen Gerichtsbarkeit und dem Ausführungsgesetz zum BGB. Ein praktischer Leitfaden. Von F. Baum, Geh. Justizrat und Vormundschaftsrichter. 1899. 8°. (64 S.) 50 Pf.

Schlagwort-Register.

R. = Nummer der Sammlung Deutscher **Reichsgesetze**
P. = Nummer der Sammlung **Preußischer** Gesetze.
S. = Seite.

---

1. 10 000. I. 11.

FSC
www.fsc.org
MIX
Papier | Fördert
gute Waldnutzung
FSC® C083411

Kolibri 360 GmbH
Ferdinand-Jühlke-Straße 7
99095 Erfurt, Deutschland
produktsicherheit@kolibri360.de